TRUE TALES

DUMONT

JAMES NESTOR

DIE TEUFELS-TAUCHER

DIE UNGLAUBLICHE GESCHICHTE DER TIEFSEE-PIONIERE CHARLES UND JOHN DEANE

Aus dem Englischen von Martin Bayer

TRUE TALES
DUMONT

FSC
MIX
Papier
FSC® C023164

DuMont TRUE TALES

1. Auflage 2017
2017 DuMont Reiseverlag, Ostfildern

»Die Teufelstaucher« erschien erstmals unter dem Titel »Unfathomable« am 17. November 2016 im Epic Magazine.

Umschlag- und Reihengestaltung: ZERO Werbeagentur, München
Umschlagillustration: © FinePic/shutterstock
Autorenfoto: privat
Fotos Innenteil: Bildnachweis S. 82

Printed in Europe
ISBN: 978-3-7701-6978-8

www.dumontreise.de

DUMONT

INHALT

KAPITEL 1

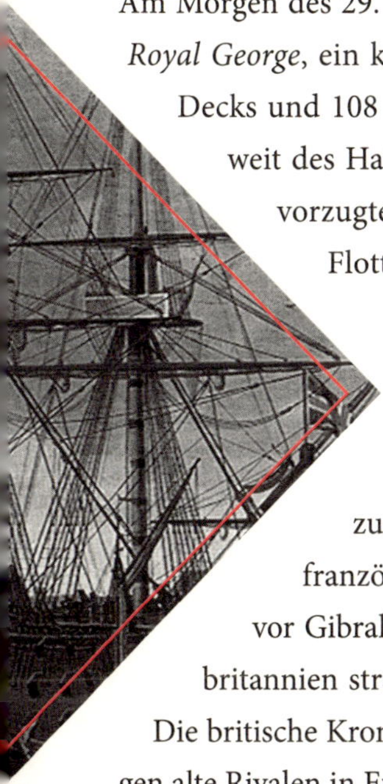

Am Morgen des 29. August 1782 ankerte die HMS *Royal George*, ein kolossales Kriegsschiff mit fünf Decks und 108 Geschützen, am Spithead, unweit des Hafens von Portsmouth, dem bevorzugten Sammelpunkt der britischen Flotte.

Es war 9 Uhr, ein böiger Morgen, und an Deck herrschte rege Aktivität; das Schiff nahm Proviant für eine Reise zum Mittelmeer auf. Es sollte die französische und spanische Blockade vor Gibraltar brechen, wo eine für Großbritannien strategisch wichtige Garnison lag. Die britische Krone kämpfte an zwei Fronten: gegen alte Rivalen in Europa und gegen die Aufständischen in den abtrünnigen Kolonien jenseits des Atlantik. Der Einsatz der *Royal George* konnte entscheidend werden. Schnell und mit hoher Feuerkraft war sie eine der stärksten Waffen der britischen Marine, ein Ungetüm aus Eiche und Segeltuch und glänzenden Messingbeschlägen an Deck, das bereits in vielen Kriegen gekämpft hatte.

Im kabbeligen Wasser ging jetzt ein Boot längsseits, das Rumfässer anlieferte. An Bord waren Ehefrauen, die ihre Männer besuchten, Kinder, die sich von ihren Vätern verabschiedeten, und Händler, die Seeleuten billigen Schmuck und Taschenuhren verkauften. Auch »Spithead-Nymphen« mischten sich unter die Mannschaft, Mädchen, die Matrosen Liebesdienste anboten. Auf den Geschützdecks wurden derweil 50 schwere Kanonen auf die Mittellinie des Schiffs zurückgezogen, damit das Schiff eine leichte Schlagseite bekam. Die Rumfässer konnten dann leichter an Bord gehievt werden.

Aber die *Royal George* beließ es nicht bei einer leichten Schlagseite; sie krängte immer stärker. Lieutenant Philip Charles Durham, der Wachoffizier, bemerkte schließlich, dass die Mannschaft die Geschützluken nicht geschlossen hatte. Die waren unter Wasser geraten, und jetzt lief der Rumpf rasch voll. Sofort befahl er die Geschütze an ihre ursprünglichen Standorte zurück, aber es war bereits zu spät. Das einströmende Seewasser zog das Schiff auf die Seite.

Unter Deck brach Chaos aus. Die Kanonen rissen sich aus ihren Laschungen, rollten das schiefe Deck hinunter und zerschmetterten Hunderte Seeleute. Besucher und Mannschaft wurden von Strömen kalten Meerwassers eingeschlossen, das sich durch Gänge und Schlafräume ergoss. Die turmhohen Masten des Seglers krachten auf das Rumlieferboot und schlugen es entzwei. Diejenigen, die sich gerade auf dem Oberdeck aufhielten, gerieten in Panik: Seemänner, Frauen und Kinder sprangen ins Wasser, nur um sich sofort in der Takelage des Schiffs zu verfangen.

Das Schandeck versank in den schäumenden Wellen, dann das Oberdeck, das Vordeck und schließlich das ganze Schiff. Auf dem Meeresgrund in 25 Meter

Tiefe blieb es aufrecht stehen. Nach zehn Minuten war alles vorbei: Nur die Masten ragten noch aus dem Wasser, wie Finger eines Ertrinkenden, der nach Halt sucht. Dieser Morgen ging als eine der schlimmsten Katastrophen in die Geschichte der britischen Marine ein – über 900 Menschen starben, Matrosen und Zivilisten.

Aber die *Royal George* wurde von den englischen Seefahrern keineswegs vergessen, auch wenn sie auf dem Meeresgrund lag. Jeder wusste, dass dieses Schiff ein Vermögen barg – den Gegenwert von 2,8 Millionen Dollar an Geschützen, Bauholz, Rum und Messinggeräten –, das dort im Schlick wartete, nur 25 Meter unter der Oberfläche. Bevor die Tauchtechnik erfunden war, bedeutete es jedoch ein tödliches Risiko, so tief hinabzutauchen. Trotzdem lockte der Schatz der *Royal George* weiterhin; besonders verführerisch wirkte er auf Männer, die verzweifelt nach einem Ausweg aus ihrem ärmlichen Leben suchten.

Charles und John Deane, Brüder mit vier Jahren Altersunterschied, wuchsen in einer schmutzigen Hafengegend am Rande Londons auf; ehemals ein Fischerdorf an der Themse, das von Europas größter Stadt geschluckt wurde. Anfang des 19. Jahrhunderts bestand es aus einer Ansammlung von Schuppen und Kneipen, die sich auf einem übel riechenden Kai aneinanderreihten. Bei den Einheimischen hieß das Viertel Deptford Green, aber grün war hier nichts mehr. Werften, Schlachthöfe und Kerzenfabriken färbten die Gemäuer schwarz. Schauerliche Berühmtheit errang die Taverne, in der 1593 der berühmte Bühnendichter Christopher Marlowe erstochen worden sein soll.

Es war nicht ohne Ironie, dass die Familie Deane am Ende in einem Slum an der größten Werft Englands lebte. Ein Jahrhundert zuvor war Ururgroßvater Sir Anthony Deane einer der berühmtesten

Schiffsbaumeister der Welt gewesen, ein führender Kopf beim Aufbau der britischen Marine unter Karl II. und Autor von *Deane's Doctrine of Naval Architecture* von 1670, einem der frühesten und einflussreichsten Lehrbücher der Hydrodynamik. Sein Porträt hängt im National Maritime Museum von London. Sir Anthonys Flotte war es, die Großbritannien zur unumstrittenen Seeherrschaft auf den Weltmeeren machte und die anderen europäischen Mächte diesbezüglich an den Rand drängte. Eines seiner 16 Kinder, John Deane, festigte den Ruf der Familie, als er von Zar Peter dem Großen den Auftrag erhielt, die russische Marine aufzubauen.

Aber die Adelstitel und Landgüter der Deanes waren längst verloren und verprasst, als Charles und John geboren wurden. Ihr Vater schuftete als Kalfaterer auf der Werft und dichtete die Planken von Schiffen ab, die seine Vorfahren einst entworfen hatten. In ihrer Kindheit wurden die beiden Brüder von ihren Eltern als »Fürsorgezöglinge« in der Royal Hospital

School angemeldet. Dort erhielten sie kostenlos eine gute Schulbildung, mussten allerdings danach sieben Jahre als schlecht bezahlte Seeleute dienen. Die Schule bereitete ihre 700 Mündel auf das harte Leben vor, das sie erwartete: Sie trugen Marineuniformen und mussten im Gleichschritt marschieren. Charles, der ältere der beiden Brüder, fuhr 1810 mit 14 Jahren in einem Handelsschiff aus. Drei Jahre später erhielt John einen begehrten Posten als Kapitänsdiener. Charles und John fuhren auf zahlreichen Schiffen und segelten schließlich gemeinsam nach Madras, Bombay und Macau – schwierige Routen, lange Monate vor schaukelndem Horizont auf dem Weg zu den Außenposten des sich ausdehnenden britischen Empire.

Während ihrer Dienstzeit in der Handelsmarine erlebten die Deane-Brüder die enormen Strapazen des Lebens auf See – zusammengepfercht mit Hunderten von Männern, bei schlechter Verpflegung, von den Wellen herumgeworfen. Sie überlebten Krankheiten und Katastrophen, sahen, wie Männer 300 Peitschenhiebe empfingen und wie andere auf See beigesetzt wurden. Und wie andere arme Matrosen, die nach England zurückkamen und an Portsmouth und der *Royal George* vorbeifuhren, träumten sie von den Reichtümern, die dort lagen.

In den Jahrzehnten zuvor hatten viele wagemutige Taucher versucht, den versunkenen Schatz zu heben, mit allen möglichen Mitteln: Sie tauchten in hölzernen Behältern, kupfernen Jacken und Metallkanistern. Einige starben, andere wurden verkrüppelt. Einer von ihnen war William Tracey, erfolgreicher Schiffseigner, der noch reicher werden wollte und sich einen maßgeschneiderten Kupferanzug machen ließ, der Löcher für die Arme und Beine und einen Schlauch für die Luftzufuhr aufwies. Als er aber 1782 zum Spithead fuhr und in seinem Anzug ins Meer stieg, dauerte es nur einige Minuten, bis er wieder an die Oberfläche zurückmusste. »Der Wasserdruck hat mich schwer verletzt, und wegen dieses Drucks bin ich nun ein Krüppel«, schrieb Tracey, den das unglückliche Abenteuer sein ganzes Vermögen kostete und der schließlich im berüchtigten Londoner Schuldgefängnis Fleet Prison endete.

Aber das Wrack der *Royal George* blieb eine begehrenswerte Beute, wohlerhalten und fast ungestört seit dem Tag des Untergangs. Das ist mit allen Schiffswracks so, nicht nur in England, sondern weltweit. Seit Schiffe segeln, sind zahllose von ihnen gesunken und waren dort unerreichbar. Der Mensch blieb lange Zeit auf die Meeresoberfläche beschränkt und fürchtete die Tiefe. Die Unterwasserwelt galt als Hort der Seeungeheuer. Jede Küste war eine Eintrittspforte zu dieser unermesslichen Region, die noch der Eroberung harrte und Abenteuerlustige anlockte – und seit dem frühen 19. Jahrhundert auch clevere Ingenieure. Entdeckerfieber trieb sie und die Verlockung schnellen Reichtums – unter den Wellen warteten versunkene Schätze aus Tausenden Jahren.

Nachdem die Brüder Deane ihre Pflichtzeit bei der Handelsmarine abgeleistet hatten, fand sich Charles in Deptford wieder, nur eine schmutzige Straße von seinem Elternhaus entfernt. Mit 29 Jahren wirkte er mürrisch, verbraucht und abweisend – ein Einzelgänger, der nur schwer Arbeit fand und Mühe hatte, seine drei Kinder zu ernähren. Schließlich nahm er eine Stelle als Hilfsarbeiter an und dichtete Schiffe ab, zusammen mit seinem Vater.

Diesen ärmlichen Lebensumständen wollte er unbedingt entkommen. Er skizzierte die Idee zu einem erstaunlichen neuen Gerät, das ihn reich machen würde. Wie seine Vorfahren besaß auch Charles die Leidenschaft und das Talent eines Ingenieurs, und er wusste, dass die größte Gefahr für Schiffe auf See nicht Wasser, sondern Feuer war. Also entwarf er einen »Apparat zum Löschen von Feuern direkt am Brandherd« – einen Kupferhelm, der an einem ledernen oder leinenen Torso festgenietet und mit einem Schlauch versehen war, über den eine Pumpe frische Luft lieferte. In seinem Patentantrag beschrieb Charles diesen Helm als eine:

Maschine für Personen, welche Räume oder andere Orte betreten, die von Rauch oder anderen Dämpfen erfüllt sind, zum Zwecke des Löschens von Bränden oder des Bergens von Personen oder Gegenständen, welche sich darin befinden.

Diese Idee war vielversprechend genug, um Charles' Arbeitgeber auf der Werft 417 Pfund in das Projekt investieren zu lassen, heute etwa 47 000 Dollar wert. Während er weiter den ganzen Tag auf der Werft arbeitete, feilte er jahrelang in der Freizeit an seiner Erfindung und ließ vier Prototypen anfertigen. Es war der Höhepunkt der industriellen Revolution, die England mit ihren Wundermaschinen und technischen Neuerungen veränderte und Männer reich machte. Charles war sicher, dass er mit seinem Atemschutzhelm bald zu ihnen gehören würde. Er führte ihn vor, wo immer sich eine Gelegenheit bot, aber Charles war kein guter Verkäufer; es gelang ihm nicht, Aufträge für seine Erfindung zu bekommen. Enttäuscht schleuderte er die Prototypen auf ein Regal in der Werft, wo sie monatelang vergessen vor sich hinstaubten.

Anders als Charles war John ein geselliger Mensch, der leicht Freunde fand und bei seiner Arbeit glänzte. Jahrelang unterstützte er seinen älteren Bruder finanziell. Als John die begehrte Stelle als Kapitänsdiener auf einem Ostindienfahrer bekam, überredete er seinen Chef, auch Charles anzuheuern. Wenn Charles Geld brauchte, half ihm John aus. Als sie harte Zeiten durchmachen mussten – in der strengen Matrosenschule und während der düsteren Jahre in Deptford – war John immer mit einer Aufmunterung zur Stelle, wenn es Charles schlecht ging.

Während Charles sich in Deptford abrackerte, lebte John 100 Kilometer südöstlich im Austernfischerdorf Whitstable und arbeitete als »Aufsammler« für eine Bergungsfirma, die auf dem flachen Seegrund nach verlorenen Ankern und anderem wertvollen Gut fischte. Das konnte ein durchweichter Ballen Baumwolle oder Holz von einem Wrack sein, am nächsten Tag war es dann ein Geschütz aus Messing oder eine mit Seepocken bewachsene Kiste Brandy.

Aber die Möglichkeiten der Bergung vom Meeresgrund waren begrenzt. Jahrhundertelang bestand die einzige bekannte Tauchtechnik darin, die Luft anzuhalten, nicht gerade eine effiziente Methode. Erst im 16. Jahrhundert gab es einen großen Sprung nach vorne, als der Italiener Guglielmo de Lorena die Taucherglocke erfand, einen umgestülpten hölzernen Topf, der eine Luftblase festhielt. De Lorena trug sie auf dem Kopf, als er die berühmten römischen Schiffswracks im Nemisee erkundete. 1691 gelang es dem britischen Astronomen Edmond Halley – der den periodisch wiederkehrenden Kometen erforschte, der seinen Namen trägt –, das Konzept zu verbessern, indem er ein Fenster in der Glocke anbrachte und den Luftvorrat durch Fässer mit Luft ergänzte, die zu der Glocke hinabgelassen wurden.

Die Taucherglocke war allerdings ein sehr umständliches und sperriges Mittel, um den Meeresgrund zu erkunden. Die Glocken des 18. und 19. Jahrhunderts bestanden aus massivem Metall und ließen sich nur schwer bewegen. Dennoch versuchten Amateurtaucher, mit ihrer Hilfe zu untermeerischen Schätzen wie der *Royal George* vorzustoßen. Britische Zeitungen berichteten regelmäßig von genial ausgetüftelten Apparaten und tragisch endenden Tauchgängen. 1782 tauchte ein schottischer Süßwarenfabrikant namens Charles Spalding mit einer selbstentwickelten Taucherglocke zu dem berühmten Wrack hinab. Wegen schlechter Sicht konnte er allerdings nur einige kleine Gegenstände aus dem Schiff bergen.

Acht Monate nach ihrem Versuch an der *Royal George* nutzten Spalding und sein Neffe die Glocke, um ein Wrack vor der Küste Dublins zu erkunden. Als sie eine Stunde später geborgen wurden, waren beide tot. Eine gerichtsmedizinische Untersuchung der Todesursache blieb ohne Ergebnis. Die beiden teilten damit jedoch das Schicksal vieler Möchtegerntaucher jener Zeit, die in selbstgebauten »Taucheranzügen« in die Tiefe stiegen und entweder tot oder mit schauerlichen Verletzungen wieder hinausgezogen wurden.

Die meisten Tauchunfälle gingen auf den Wasserdruck zurück, ein seinerzeit noch wenig erforschtes Phänomen. Wer in einem wasserdichten Taucheranzug mit Luftschlauch tauchte, erlitt schlimmste Verletzungen, das sogenannte Barotrauma.

In geringer Tiefe zeigten sich noch keine Probleme. Bei drei Metern war alles in Ordnung. Auch noch bei sechs. Aber bei ungefähr zehn Metern begann der Druck im weichen Gewebe von Gesicht und Hals fühlbar zu steigen. Der Taucher versuchte zu atmen, bekam aber keine Luft mehr. Bei 12 Metern schwoll das Gesicht vor Blut an; die Adern in den Augäpfeln platzten, Körperflüssigkeiten spritzten aus den Öffnungen. Dann hörte der Taucher ein entsetzliches Schlürfen hinten im Taucherhelm – das Geräusch, mit dem ihm das Haar von der Kopfhaut gesaugt wurde. In großer Tiefe schließlich wurde das Gesicht selbst abgerissen und durch den Luftschlauch nach oben gesaugt, wo es in einer Blutfontäne auf Deck klatschte.

Die *Royal George* lag etwa 25 Meter tief auf dem Meeresgrund. In dieser Tiefe konnte der Druckunterschied einen Sog erzeugen, der zehnmal stärker war als der eines modernen Staubsaugers. Das riss einem vielleicht nicht gleich das Gesicht ab und saugte es durch den Luftschlauch, aber es konnte zu bleibenden Schäden oder zum Tod führen, wie es das traurige Schicksal von William Tracey und vielen anderen nach ihm war.

Und doch reichten diese Gefahren nicht zur Abschreckung. Die moderne Mechanik gestaltete 1825 jedes Tätigkeitsfeld neu, darunter auch die Meeresforschung. Es gab jetzt mehr Gelegenheiten, sein

Glück in der Tiefe zu versuchen. In jenem Jahr ließ sich ein Erfinder namens William James eine Ausrüstung mit Taucherhelm patentieren, die ihren eigenen Luftvorrat mitführte. Diese Idee war allerdings ihrer Zeit voraus und sollte erst mit dem Aufkommen des Gerätetauchens hundert Jahre später praktisch umgesetzt werden. Als ungefähr zur gleichen Zeit der erste Tunnel unter der Themse hindurch undicht wurde, tauchte ein kühner junger Ingenieur mit einer Glocke zu dem Leck hinab, um den Schaden zu untersuchen. Die Presse berichtete ausführlich darüber.

Das Tauchfieber jener Zeit brachte die Brüder Deane schließlich auf die zündende Idee: Vielleicht ließ sich Charles' Feuerschutzhelm ja derart umfunktionieren, dass man damit unter Wasser atmen konnte. Und wenn das möglich war, könnten sie ihn vielleicht nutzen, um in die tödliche Tiefe von 25 Metern zum Wrack der *Royal George* hinabzusteigen. Anders als die Taucherglocke würde der Helm ihnen unter Wasser freie Bewegung ermöglichen; dann brauchten sie die Reichtümer, die dort lagen, nur noch einzusammeln.

Diese Idee kam gerade rechtzeitig, um Charles vor düsteren Zukunftsaussichten zu retten. Nach den Napoleonischen Kriegen 1815 war der Bedarf an Kriegsschiffen stark zurückgegangen; die Deptforder Werften bekamen immer weniger Aufträge. Die Hafenbecken der Gegend verlandeten durch die Schlickablagerungen der Themse und waren für große Schiffe nicht mehr passierbar. Charles würde bald arbeitslos werden. Gelang es ihm nicht, eine andere Einkommensquelle aufzutun, drohte ihm das Schuldgefängnis. Saß man aber erst einmal in einer Zelle, war es noch schwieriger, seine Schulden zurückzuzahlen; das Schuldgefängnis wurde so zu einer Falle, aus der man oft erst nach Jahrzehnten wieder frei kam. Die Unterwasserwelt war zwar gefährlich, aber die Deanes hatten ihren Lebensunterhalt schon immer mit dem Meer verdient. Dieses Risiko, entschieden die Brüder, müssten sie eingehen.

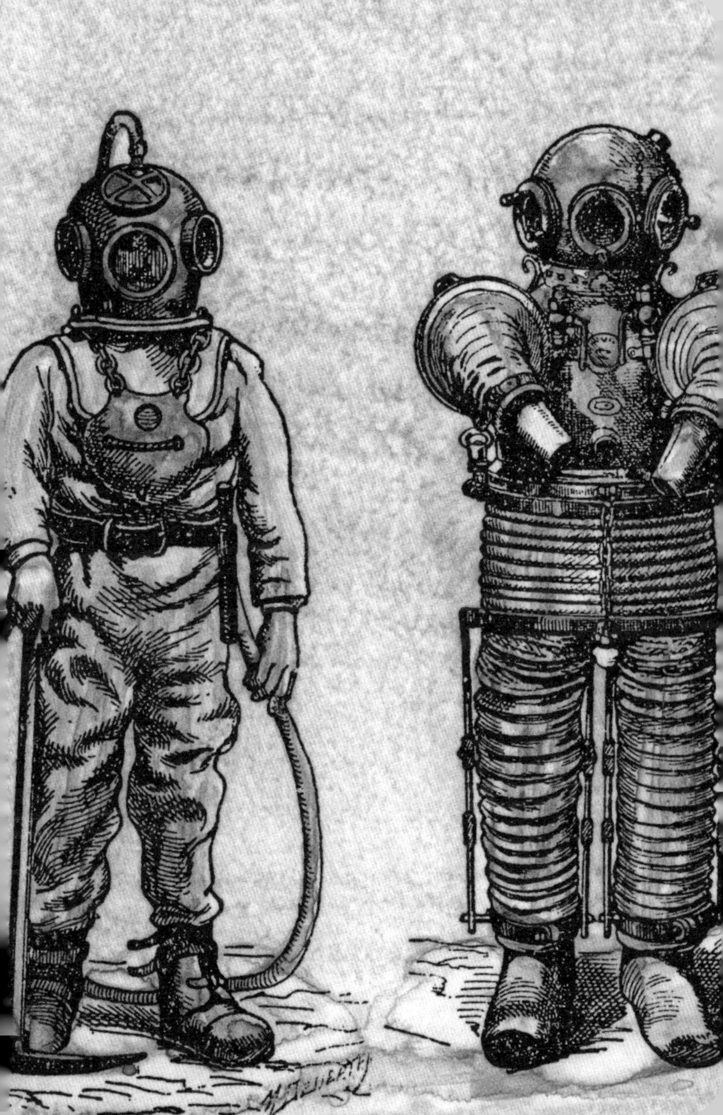

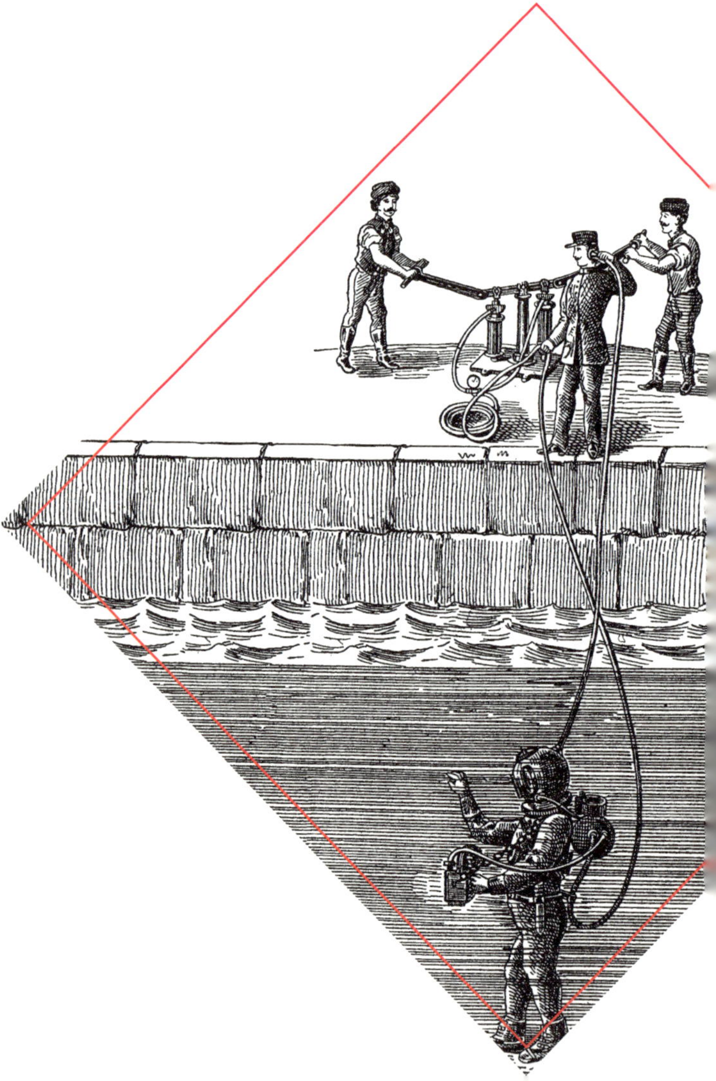

KAPITEL 2

An einem windigen Tag des Jahres 1828 standen Charles und John am Croydon Canal, einem verschlämmten Wasserweg, auf dem früher Lastkähne durch London fuhren. Passanten sammelten sich neugierig auf einer nahen Fußgängerbrücke, als Charles seine Ausrüstung bereit machte. Er legte ein Segeltuch um die Schultern und stülpte den metallenen Helm über seinen Kopf. Die Brüder hatten Wochen damit verbracht, den Helm für den Gebrauch im Wasser umzurüsten, und hier im Kanal wollten sie das Ergebnis testen.

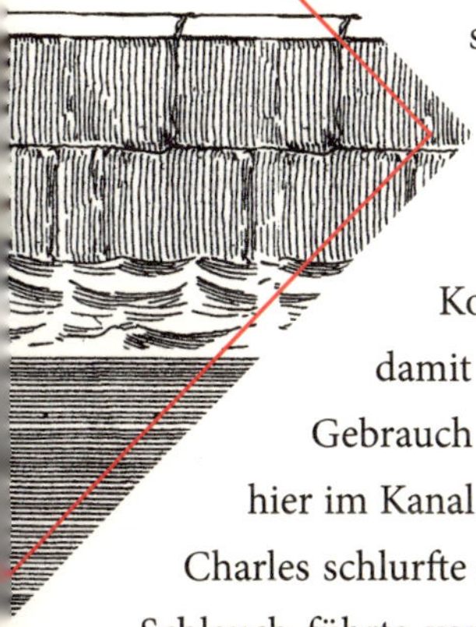

Charles schlurfte auf den Kanal zu. Ein lederner Schlauch führte vom Helm zu John, der am Ufer blieb und mit einem Blasebalg Luft in den Helm seines Bruders pumpen würde.

Charles watete in den Kanal hinaus; seine Füße versanken im Schlamm. Schritt um Schritt tastete er sich vor, bis ihm das Wasser zu den Knien reichte, dann zum Hals. Er holte tief Luft, machte noch einen Schritt und verschwand im Wasser. Nur ein öliger Ring blieb an der Oberfläche zurück.

Johns Hände lagen fest um den Griff des Blasebalgs und pumpten Luft in den Helm. Einen Moment lang warf das Wasser Blasen, als würde es sieden. Charles dümpelte jedoch bald wieder an der Oberfläche; die Luft im Helm und in seiner Kleidung verlieh ihm zu viel Auftrieb. Als er wieder unterzutauchen versuchte, lehnte er sich zu weit nach vorne, sodass sich der Helm mit Wasser füllte und er ihn, nach Luft schnappend, abwerfen musste. Die Brüder lernten die Prinzipien der Hydrodynamik durch Versuch und Irrtum, und die Zuschauer hatten ihren Spaß dabei.

Es war ein holpriger Start, aber Charles erkannte die Fehler in seinem ersten Entwurf und gelangte zu der Überzeugung, dass John und er den umgebauten Atemschutzhelm tatsächlich seetauglich machen konnten. In den folgenden Monaten lösten die Brüder systematisch ein technisches Problem nach dem anderen. Wieder und wieder kehrten sie an den Croydon Canal zurück, um ihre Änderungen zu prüfen. Sie engagierten sogar einen schottischen Chemiker namens Charles Mackintosh, der ihnen einen Taucheranzug aus gummiertem Stoff schneidern sollte – einen Vorläufer des Taucheranzugs von heute. Es war das erste Mal, dass der inzwischen berühmte »Mackintosh« unter Wasser getragen wurde. John legte das Geld aus, um einen deutschen Ingenieur namens Augustus Siebe mit der Fertigung des verbesserten Helms zu beauftragen, der robust genug für einen echten Tauchgang war, einen, der sie zur *Royal George* hinabbringen sollte.

Die Brüder Deane erfassten intuitiv, dass der Druck der Schlüssel zum Überleben unter Wasser war. Sie konstruierten eine starke Handpumpe, die im Helm einen ausreichenden Luftdruck erzeugte, damit er nicht voll lief. Und sie ließen den Boden des Helms offen, sodass er wie eine Miniatur-Taucherglocke funktionierte und nicht plötzlich ein tödlicher Unterdruck entstehen konnte, wenn ein Defekt – ein gerissener Schlauch oder eine schadhafte Pumpe – die Druckluftzufuhr unterbrach. In diesem Fall würde dem Taucher nicht das Gesicht abgerissen, sondern der Helm einfach voll Wasser laufen. Der Träger hatte Zeit, den Tauchgang abzubrechen, an die Oberfläche zurückzukehren, den Schaden zu reparieren und erneut zu tauchen.

Mit all diesen Neuerungen ausgestattet, führten die Brüder eine Generalprobe durch, diesmal an der Themse, gleich oberhalb von Deptford. Charles stieg eine Leiter von einem Lastkahn hinunter ins Wasser und verschwand darin.

Eine Menschenmenge schaute vom Ufer aus zu. Eine Minute verging. Noch eine. Blasen sprudelten in dem trüben Flusswasser. John pumpte unermüdlich.

Nach ein paar weiteren Minuten befand sich Charles länger unter Wasser, als ein Mensch die Luft anhalten konnte. Entweder war er tot – oder der verbesserte Deane-Helm funktionierte.

John und die Zuschauer warteten auf ein Lebenszeichen, und dann bekamen sie eins: Charles' Hand tauchte aus dem Wasser und griff nach der Leiter. Sprosse um Sprosse hievte er sich nach oben, während das Wasser von seinem nassen Anzug strömte. Die Zuschauer hatten das Gefühl, er sei von den Toten auferstanden. Charles war gerade unter Wasser herumspaziert, auf dem Grund des Flusses. Nichts hinderte ihn daran, die Welt der Tiefe zu erkunden, und er war unversehrt an die Oberfläche zurückgekehrt.

Aber wenn die Brüder Deane jemals ihrem Leben in Armut entkommen wollten, mussten sie mit dem Helm noch tiefer gehen, um versunkene Schätze aus dem Meer zu heben. Und der begehrteste Schatz in England war die *Royal George*.

Charles und John Deane versammelten sich mit ihrer kleinen Mannschaft auf einem Boot, das John gehörte, und machten ihre Ausrüstung klar. 25 Meter unter ihnen lag die *Royal George*, und mit ihr ein Wert von 2,8 Millionen Dollar an Fracht und Material. Es war der 29. Oktober 1834, und die Brüder Deane hofften, dass ihr Taucheranzug bereit für die Herausforderung war, das gesunkene Kriegsschiff zu erreichen. John stand hinter Charles und dichtete den Anzug um seine Handgelenke mit Seilschlingen ab. Gegen die Kälte trug Charles isolierende Unterwäsche aus einem Weidenkorsett, mehreren Schichten wollener Kittel, langen Unterhosen und einer roten Wollmütze. (Diese Mütze würde eines Tages der französische Meeresforscher Jacques Cousteau übernehmen und berühmt machen.)

John band eine Sicherheitsleine an Charles' ledernen Tauchgürtel. Die Männer hängten ihm gut

35 Kilo Blei an den Gürtel, damit er schnell absinken konnte. Derart beladen, schlurfte Charles zum Schandeck, wo John ihm vorsichtig den glänzenden Kupferhelm aufsetzte.

Durch drei faustgroße Fenster in der Vorderseite des Helms sah Charles zu, wie sich die Strickleiter in die Dunkelheit des Meeres entrollte, eine Treppe in die Unterwelt. John warf einen prüfenden Blick durch die Helmfenster auf seinen Bruder. Charles atmete ruhig.

Die beiden wussten, dass jeder Fehltritt tödlich enden konnte. Jetzt übten sie nicht mehr im harmlosen Croydon Canal. Charles' Ziel lag in 12 Faden Tiefe auf dem Grund des offenen Meeres. Hier gab es Strömungen, Haie und die scharfkantigen Überreste eines Kriegsschiffs. John machte sich Sorgen um seinen älteren Bruder, aber weil Charles mit seinem Leben für die Funktionstüchtigkeit seiner Erfindung einzustehen bereit war, unterstützte er ihn. Charles umklammerte die Leiter und machte sich unbeholfen an den Abstieg in die kabbelige See. Langsam versank er darin, wie ein Mann, der im Londoner Nebel verschwindet.

Minuten vergingen. John ließ Sicherheitsleine und Schlauch ablaufen, die Gehilfen pumpten schneller. Das einzige Lebenszeichen von Charles war der periodische Schwall von Luftblasen, die an die Oberfläche stiegen. John wusste, dass diese Blasen umso größer wurden, je tiefer Charles tauchte, da die aus dem Helm ausgeatmete Luft sich auf dem Weg nach oben ausdehnte. Als die brodelnden Blasen an der Schiffsseite doppelt so groß wurden wie am Anfang, wusste John, dass Charles in der Tiefe war.

John gab mehr Seil, und die Mannschaft pumpte mit verdoppelter Anstrengung. 20 Meter. 23 Meter. Bei 25 Metern hielt das Seil an. John zog einmal daran und wartete auf Charles' Antwort. Die Brüder hatten einen einfachen Signalcode ausgemacht. Einmal ziehen von oben hieß »Alles in Ordnung?«. Einmal ziehen von unten hieß »Ja«, zweimal ziehen »Gib mehr Seil«, dreimal ziehen »Wertvolles Bergungsgut fertig zum Hochziehen«. Dauerndes Ziehen war das SOS-Zeichen, der Notruf zum sofortigen Zurückholen an die Oberfläche. Jetzt kam erst gar nichts. Immer noch nichts. Dann, nach einer schier endlosen Pause, zog John einmal, fest und entschieden.

Die Strickleiter reichte bis zum Grund. Charles sprang von den Sprossen in eine seltsame Welt. Das Licht hier unten war ein Relikt der Oberfläche, aller warmen Töne beraubt und durch die Brechung zu einem tiefen Blaugrün gedämpft. Charles sah seine Hände, aber sie kamen ihm unscharf vor und wirkten unecht. Er blinzelte durch das dicke Glas im Helm in die tiefe Dämmerung hinaus und erkannte hölzerne Planken zwischen Büscheln von Seegras. Er stand auf dem Deck der *Royal George*.

Charles freute sich, blieb aber wachsam. Das Wrack lag mit Schlagseite auf dem Meeresboden, die drei riesigen Masten standen schief und verschwanden nach oben im Dämmer. Er musste vorsichtig sein. Das Deck war, wie er auf den zweiten Blick sah, verrottet und voller Löcher. Die uralte Takelage – Meilen von Tauwerk und zerfetztem Segeltuch, die sich sanft in der Strömung wiegten – konnte sich leicht mit seiner Sicherheitsleine und dem Luftschlauch verheddern. Jeder Schritt barg die Gefahr, dass er hier in eine Falle geriet.

Er holte noch einmal tief Luft und löste sich von der Sicherheit der Leiter. Die Decksplanken schienen zu halten. Über ihm ragte das Achterdeck auf, darunter der elegante Salon des Kapitäns, gleich hinter einer verfallenden Doppeltür.

Die Kapitänskajüte war eine Versuchung, aber Charles wusste, dass die wahren Schätze unter Deck zu suchen waren. Das war ein enormes Risiko, aber er zog die Leiter weiter, bis sie hinunter in den Bauch des Wracks fiel, und stieg noch weiter ab. Die Deckbalken über ihm verdunkelten das Ganze. Er landete auf einem Geschützdeck und gewöhnte seine Augen an den Lichtmangel. Viel konnte man nicht erkennen, aber etwas in der Finsternis weckte seine Aufmerksamkeit: Es war aus Metall, möglicherweise zylindrisch und ziemlich groß. Als er das glänzende Objekt erreicht hatte, wischte er mit der Hand 50 Jahre Sediment beiseite. Schlick wirbelte um die Helmfenster, und der gedämpfte, aber unverkennbare Schimmer von Messing kam zum Vorschein. Seine Hand lag auf einer großen Kanone, die später 600 Pfund Sterling einbringen sollte, umgerechnet auf den Wert heute fast 75 000 Dollar. Das war mehr Geld, als Charles in einem ganzen Jahr als Schiffsabdichter verdienen konnte. Er inspizierte die Umgebung und fand Dutzende solcher Kanonen überall verstreut.

An der Oberfläche fühlte John drei schnelle Rucke an der Sicherheitsleine. Das war das Zeichen, von dem er seit Jahren geträumt hatte: wertvolles Bergungsgut gesichert. Rasch holte er Leine und Luftschlauch ein. Charles stieg schnell wieder auf, er war jetzt noch 20, dann 17, dann 13 Meter tief. Trotzdem sah John weiter nur Luftblasen. Dann endlich erspähte er eine Bewegung in der Tiefe, einen unscharfen goldfarbenen Schimmer, der heller und größer wurde und schließlich zur geisterhaften Gestalt seines Bruders wurde, der unter Wasser die Strickleiter erkletterte. Eine Girlande silberner Blasen eilte ihr voraus und stieg von Charles' Kupferhelm auf, der immer noch ein Stück unter Wasser zu sein schien, direkt bevor er die Oberfläche durchbrach.

Charles kroch die Leiter hoch und warf sich an Deck. John half ihm, den Helm abzunehmen. Als Charles wieder zu Atem gekommen war, schilderte er, was er gesehen hatte: die Dunkelheit, das Schiff, das Vermögen an Kanonenmetall. Eine neue Ära brach an.

Ein ungeheures, unzugängliches Reich wurde durch das Glas im Helm der Brüder Deane enthüllt. Charles' erste Schritte unter Wasser an Deck der *Royal George* würden letztlich die ganze Erdoberfläche der Herrschaft des Menschen unterwerfen, und somit der Erkundung – wie auch der Ausbeutung.

Im Moment aber ging es den Deanes nur darum, ihre Beute zu sichern. Es dauerte Stunden, bis die Brüder diese erste Kanone geborgen und auf dem Pier von Portsmouth angelandet hatten, aber es war die Mühe wert. Das Geschütz wog gut 2,6 Tonnen und war in makellosem Zustand, immer noch geladen.

Über mehrere Wochen hinweg wechselten sich die Brüder bei ihren Tauchgängen zum Meeresgrund ab. Es gelang ihnen, 23 weitere Geschütze aus dem Wrack zu bergen, bevor schlechtes Wetter sie an Land zurückzwang. Insgesamt waren diese Geschütze um die 10 000 Pfund wert, was heute etwa 1,25 Millionen Dollar entspricht.

Und das war nur die Beute aus der *Royal George*. Die Brüder sahen sofort, was für finanzielle Möglichkeiten dieses erste Tauchunternehmen vor Portsmouth eröffnete. Sie konnten sich jetzt der Wracks mehrerer Jahrhunderte annehmen, die um die britischen Inseln verstreut lagen, Schiffe aller Größen und Zeiten, beladen mit Silber, Juwelen, Goldmünzen und wertvollen Antiquitäten – Dutzende Millionen Dollar, die sie nur einpacken und mitnehmen mussten. Vor allem waren sie im Moment die Einzigen, die sicher und verlässlich an diese Schätze herankamen. Sie wussten sofort, dass sich ihr Leben verändert hatte. Auf einmal waren sie unermesslich reich.

WHICH
THE
ROYAL
COVERED
OF
ANT.

KAPITEL 3

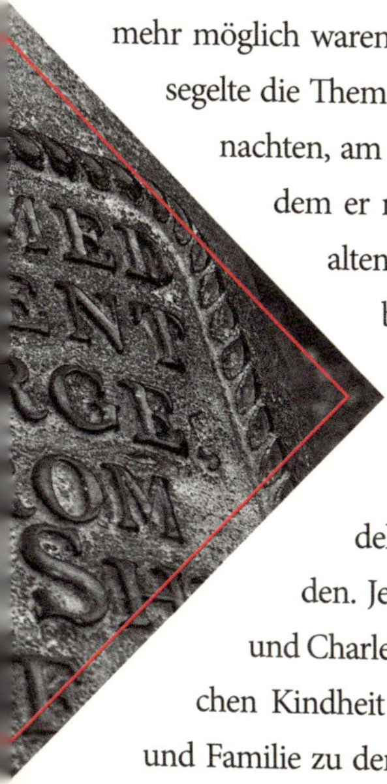

Mit einsetzendem Winter, als Wracktauchgänge nicht mehr möglich waren, charterte Charles ein Boot und segelte die Themse hinauf. Es war kurz vor Weihnachten, am 18. Dezember 1834, als er, nachdem er nur wenige Kilometer an seinem alten Zuhause in Deptford Green vorbeigefahren war, vor der Royal Hospital School ankerte. Vor fast drei Jahrzehnten waren die Brüder Deane hier als Mündel der Fürsorge aufgenommen worden. Jetzt hatte sich das Blatt gewendet, und Charles kehrte an die Stätte seiner ärmlichen Kindheit zurück, um Lehrern, Nachbarn und Familie zu demonstrieren, dass der verträumte junge Deane doch noch etwas aus sich gemacht hatte.

Die Schüler strömten zusammen, um Charles zu begrüßen. Er rollte eine der geborgenen Kanonen von der *Royal George* aus – geladen mit einer Kugel, die noch so »sauber und vollkommen aussah, als wäre sie gerade aus der Gießerei gekommen«, wie ein Lokalreporter berichtete – und zündete sie. Das 85 Jahre alte Geschütz feuerte mit dramatischem Knall. Später am Tag läuteten die Glocken in Deptford und Greenwich zu Ehren Charles'.

Es war die Heimkehr eines Helden, aber keine ungetrübte. John war nicht dabei. Charles hatte seinen Bruder nicht eingeladen. Als Schüler der Royal Hospital School hatten die beiden einander sehr nahegestanden; jetzt, nach ihrem gemeinsamen Triumph als Ingenieure und Entdecker, blieben sie auf Abstand. Ihr Erfolg zur See brachte Reichtümer an die Oberfläche, aber auch eine Abneigung, die sich über Jahre aufgebaut hatte.

Während ihrer ganzen Jugend war John immer der bessere Schüler gewesen, hatte als Seemann einen höheren Rang erreicht und viele Freunde gefunden. Charles war das Erfindergenie, aber sein fleißiger jüngerer Bruder war es, den sich die Leute merkten und der in bescheidener Weise Erfolg gehabt hatte. Ihre gegensätzlichen Charakterzüge ergänzten einander zwar, führten aber auch zu Verbitterung. Charles hätte ohne seinen Bruder den Helm nicht vollenden können – eine Erfindung, die beider Persönlichkeit widerspiegelte, einerseits praktisch durchdacht, andererseits genial entworfen –, aber nach so vielen Jahren in Johns Schatten wollte Charles endlich auch Ruhm für sich selbst. John hatte inzwischen mehr Tauchgänge im Helm als sein Bruder absolviert, aber Charles erklärte überall, diese Erfindung sei allein die seinige. Als er jetzt vor dem Royal Hospital an Land ging, berichtete er der wartenden Menschenmenge von seiner Reise auf den Meeresgrund mithilfe seiner außergewöhnlichen neuen Erfindung; aber seinen Bruder erwähnte er mit keinem Wort.

Nach Jahrzehnten in Johns Schatten wollte Charles jetzt selbst im Rampenlicht stehen. Er gab mehrere Ölgemälde in Auftrag, die seine nautischen Triumphe darstellten, und kündigte eine aufwändige Ausstellung in einem der angesehensten Salons des West End an, dem Cosmorama.

Der Ausstellung gab er den Titel *Schätze des Meeres* und pries sich in den Plakaten selbst wie folgt an:

> *Mr. Deane, der Erfinder des berühmten Tauchapparates zum Durchqueren des Meeresbodens, gibt sich die Ehre, die geschätzte Öffentlichkeit zu seiner neuartigen Ausstellung einzuladen.*

Für einen Shilling Eintritt konnten die Besucher Charles persönlich begegnen und zuhören, wie er seine Abenteuer erzählte. Er hatte die Halle mit einer Sammlung aus geborgenen Gütern der *Royal George* gefüllt, mit Gewehren, Kupfer und Kanonen. Auch ein eiserner Kochkessel war dabei, noch mit Rinderknochen, die darin gekocht wurden, als das Schiff sank, sowie weitere »Überbleibsel der unglücklichen

Opfer«. Gemälde, auf denen Charles dargestellt war, wie er das Wrack erkundete, flankierten den eindrucksvollen Aufbau. Ein Abbild Johns aber suchte man vergeblich.

Charles hatte Erfolg mit seinem Bemühen, die Geschichte umzuschreiben. Die *Trewman's Exeter Flying Post* beschrieb ihn als

> *jenen erfindungsreichen Gentleman, dessen Tauchapparat so perfekter Natur ist, dass der Boden des Ozeans für ihn so trocken wie Land ist.*

Der betagte Admiral Philip Durham, einer von nur zwei Offizieren, die seinerzeit den Untergang überlebt hatten, besuchte die Ausstellung, drückte »seinen Beifall« aus und wünschte ihr »großen Erfolg«. Im *Nautical Magazine* erschien eine begeisterte Kritik. »Unseren Lesern ist Mr. Deane mit seinen außergewöhnlichen unterseeischen Unternehmungen auf der

Royal George bereits wohlvertraut«, schrieb die Zeitschrift und erklärte,

> *der kühne und wahrhaft nationale Charakter seiner [Charles'] Bemühungen sichert ihm die herzliche und großzügige Unterstützung der britischen Öffentlichkeit, die er vollauf verdient.*

Ähnlich begeistert äußerte sich die Londoner *Times*:

> *Derjenige, in dessen Schuld Regierung wie Öffentlichkeit für die Bergung dieser Güter stehen, ist Mr. Deane.*

Charles war zum Nationalhelden geworden.

Ruhm und Anerkennung haben Charles zweifelsohne gutgetan, lenkten aber auch die Aufmerksamkeit der Öffentlichkeit auf seine Methoden. Jeder konnte sich in der Zeitung informieren, wie die Brüder Deane es angestellt hatten, an die Schätze des Meeres zu gelangen. Bald boten drei verschiedene Unternehmer Taucherhelme an, die denen der Deanes verblüffend ähnelten. Der Versicherungskonzern Lloyd's bot jedem, der wertvolle Güter aus gesunkenen Schiffen barg, die Lloyd's versichert hatte, eine großzügige Provision an. Geschäftstüchtige Seeleute aus Großbritannien und bald auch aus dem Rest Europas nahmen die Herausforderung an, und es folgte ein untermeerischer Goldrausch. Einer der ersten, der einen Nachbau des Deane-Helms fabrizierte, war Augustus Siebe, der Uhrmacher, den Charles Deane seinerzeit mit den ersten verwendbaren Prototypen des Atemschutz- beziehungsweise Tauchhelms beauftragt hatte. In den folgenden Jahren baute Siebe ein florierendes Geschäft mit Taucherausrüstungen auf und ging in die Geschichte ein, obwohl Charles und John die Urheber des Entwurfs waren.

Während sich Charles noch im Ruhm sonnte, erkannte John bereits die Gefahr und machte sich daran, möglichst viele Rivalen zu schlagen. In den nächsten Jahren tauchte er an verschiedenen Wracks in der Nordsee und weiter südlich an der *Duke of Marlborough*, einem gesunkenen Handelsschiff, dessen Fracht heute 3,5 Millionen Dollar wert wäre. Er lernte, wie man halb im Schlamm begrabene Schiffe mit Sprengstoff aufbrach, um sie zu zwingen, ihre Schätze preiszugeben. Er fuhr an die Westküste Irlands und tauchte an der *Lady Charlotte*, einem großen Frachtschiff, das auf der Fahrt von Peru nach Liverpool auf Grund gelaufen war. In Tauchgängen während weniger Wochen barg John Gold, Dollarmünzen und Silber im heutigen Wert von 11,2 Millionen Dollar.

Bei Erkundungstauchgängen nahe der *Royal George* entdeckte John ein Schiff, dessen Kanonen mit dem Zeichen einer Rose und einer Mitra und den Worten HENRICUS VII graviert waren. Es war die *Mary Rose*, ein Kriegsschiff der Tudor-Dynastie, das 1545 bei der Verteidigung Englands unter Heinrich

VII. gegen Frankreich gesunken war. John gelang es, noch vier weitere Kanonen zu bergen.

Dieser spektakuläre Fund verdrängte die gemeinsame Bergung der *Royal George* durch die Brüder. Dies war kein Schiff, an das sich noch ein Lebender erinnern konnte – die *Mary Rose* war Jahrhunderte zuvor gesunken, in einer berüchtigten Seeschlacht. Die Zeitungen wandten ihre Aufmerksamkeit John und der *Mary Rose* zu, Charles wurde vergessen und stand einmal mehr im Schatten seines Bruders.

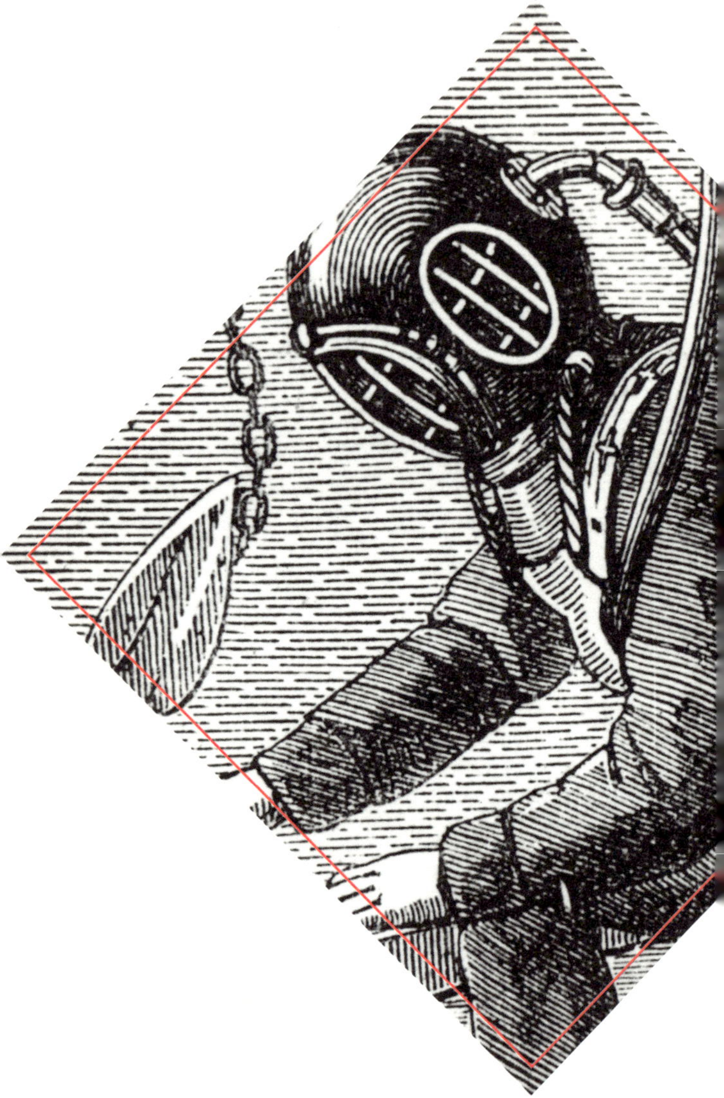

KAPITEL 4

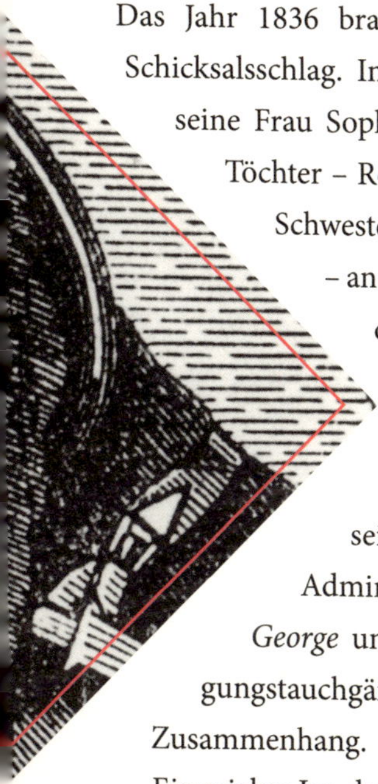

Das Jahr 1836 brachte Charles einen schweren Schicksalsschlag. Innerhalb eines Monats starben seine Frau Sophia und seine beiden jüngsten Töchter – Royal Georgina und ihre jüngere Schwester Jane, beide noch Kleinkinder – an einer Typhusepidemie, die London heimsuchte. Charles, inzwischen 40 Jahre alt, war verzweifelt. Er konnte keinen klaren Gedanken mehr fassen, seine Pläne wurden wirr. Als die Admiralität, der das Wrack der *Royal George* unterstand, ihn um weitere Bergungstauchgänge bat, war seine Antwort ohne Zusammenhang.

Ein reicher Ire, den Charles bei seinen Reisen kennenlernte, hat dessen seltsames Verhalten beschrieben. Charles war jetzt von der Pflanzenwelt des Meeres fasziniert und »riss Seetangbüschel von den Felsen, über die er schritt«. Außerdem theoretisierte er gerne über »den Effekt des Drummond-Lichts im untermeerischen Lichteinfall, während man die Sonne durch das Wasser scheinen sieht«.

Charles litt vermutlich an den Spätfolgen einer Stickstoffvergiftung. Der Deane-Helm verhinderte mit seinem revolutionären offenen Konzept zwar das Barotrauma und andere Taucherkrankheiten, aber den Brüdern war nicht klar gewesen, dass die größte Gefahr eine unsichtbare war.

Die Druckluft, die Charles im Helm atmete, sättigte sein Muskelgewebe mit Stickstoff. Kehrte er an die Oberfläche zurück, sank der Druck im Gewebe, der Stickstoff dehnte sich aus und trat in Form kleiner Bläschen ins Blut über. Bei geringfügiger Einwirkung konnten die Stickstoffbläschen zu Kopfschmerzen, Erbrechen und Benommenheit führen, nach ausgedehnten und tiefen Tauchgängen waren Ausschläge, Schlaganfälle, Krämpfe, Lähmungen, Schwachsinn und Tod zu befürchten. Diese Dekompressionskrankheit wurde später im Englischen »the bends« genannt, weil die Opfer sich vor Schmerzen krümmten.

Dutzende der ersten Taucher berichteten von furchtbaren Schmerzen aller Art nach langen Tauchgängen. Manche erbrachen blutigen Schaum, andere litten unter gelähmten Gliedmaßen und siechten dahin. »Ein scharfer Schmerz jagte blitzschnell durch meine Beine«, schrieb ein Helmtaucher. »Im nächsten Augenblick war er in meinem ganzen Organismus, so lähmend, dass ich kein Glied, keinen Muskel regen konnte ... Die besten Ärzte gaben mir keine Hoffnung ... Erst fünf angstvolle Monate später gelang es mir, mith ilfe zweier Krücken ein paar Schritte zu tun.«

Die Ärzte zu jener Zeit konnten von der Ursache dieser Taucherkrankheit nichts wissen und verabreichten Heilmittel, die oft mehr schadeten als nutzten, zum Beispiel Aderlass mit Blutegeln oder Einläufe mit Terpentin (Baumharzen). Manche Ärzte empfahlen den

Tauchern »einen therapeutischen Cognac« beim Auftauchen. Ein ordentlicher Schluck galt damals als Universalmittel bei allen Beschwerden unbekannter Ursache.

Die moderne Medizin fand später heraus, dass die Aufnahme von Stickstoff ins Blut körperliche Behinderungen und bleibende Hirnschäden verursachen konnte. Die Dekompressionskrankheit stellte sich allerdings als unberechenbar in ihrem Einsetzen heraus. Auch bei physisch ähnlichen Tauchern kann sie sich sehr unterschiedlich manifestieren. Charles war damals der älteste aktive Helmtaucher der Welt, er hatte zahllose Stunden sowohl tief unter Wasser wie beim Trinken in Kaschemmen verbracht, und beides machte ihn anfälliger. John, der jünger, diszipliniert und kein Trinker war, tauchte doppelt so oft wie Charles und in größeren Tiefen – bis zu 40 Metern – und blieb oft fünf Stunden am Stück unter Wasser, ohne dass er je Beschwerden gehabt hätte. Selbst heute kann die Medizin nicht voraussagen, wann oder ab welcher Tiefe ein Taucher Symptome der Dekompressionskrankheit zeigt. Manchmal liegt's an den Genen; manchmal ist es einfach Glück.

Zu Lebzeiten der Brüder Deane war außerdem unbekannt, dass die Wirkungen einer chronischen Stickstoffvergiftung kumulieren: Je länger ein Taucher unter Wasser blieb und je tiefer er ging, desto mehr Stickstoff nahm er auf. Die Brüder Deane hatten der Menschheit ein neues Reich für ihre Entdeckungen erschlossen, aber ein Leben unter der Meeresoberfläche forderte mitunter einen schrecklichen Preis. Mit der Zeit konnte die Dekompressionskrankheit einen Menschen in den Wahnsinn treiben.

Nur vier Jahre nach den erfolgreichen ersten Tauchgängen an der *Royal George* zwang seine Krankheit Charles in eine Art Ruhestand. Seine Gelenkschmerzen wurden so schlimm, dass er am Stock ging. Er verbrachte seine Zeit mit Grübeln und dachte verbittert über die vielen Ungerechtigkeiten nach, die ihm – so sah er es zumindest – den Erfolg stahlen. Er tauchte kaum noch und jammerte über die verlorenen Gerichtsprozesse um das Patentrecht gegen konkurrierende Hersteller von Taucherhelmen. Sein Patent deckte leider nur die Verwendung als »Atemschutzhelm«, von Tauchen war darin nicht die Rede. Allmählich drohte Charles sogar wieder der Bankrott.

Fast mittellos und mit versagenden Geisteskräften kündigte er im August 1838 an, er wolle noch einmal an der *Royal George* tauchen, dieses Mal ohne John. Das Wrack hatte ihn schon einmal reich und berühmt gemacht, vielleicht gelang das ein zweites Mal. Dieses Mal wollte er mit einer kleinen Hilfsmannschaft anreisen und alle Tauchgänge selbst ausführen, sodass der verdiente Ruhm ihm alleine gebührte.

Er zog aus London in ein billiges Zimmer am Hafen von Portsmouth um, ein Viertel, das damals in

England für Schmutz und Laster bekannt war. Nachts verhandelten betrunkene Seemänner mit Huren, und Müllsammler kratzten Pferdeäpfel und menschliche Fäkalien aus dem Rinnstein, um sie als Dünger zu verkaufen. Tagsüber schleppte Charles seinen verkrüppelten Körper an den Kai und fuhr hinaus zur *Royal George*. Er ankerte und tauchte wieder in die Tiefe, aber das Schiff, das er vorfand, war ein anderes als dasjenige, das er Jahre zuvor entdeckt hatte. John und andere Taucher hatten alle leichte Beute bereits abgeschleppt. Drei Monate voller Mühsal verbrachte Charles auf seinen einsamen Tauchgängen und durchwühlte die Reste des Kriegsschiffs, fand aber nur noch Trümmer und zerfetzte Stücke Segeltuch. Als der Winter kam, hatte Charles nichts gefunden.

»Ich bin inzwischen sehr leidend«, schrieb Charles an die Admiralität und bat verzweifelt um eine Anstellung. Er habe gehofft, so erklärte er, sein Tauchapparat »werde sich nach all meinen Mühen als sichere Einkommensquelle für mich herausstellen, aber weil zahlreiche Konkurrenten meine Erfindung nachgeahmt haben … Ich wende mich daher untertänigst an Eure Lordschaften in der Hoffnung, Sie mögen meinem Ersuchen um eine Anstellung gnädig gewogen sein.« Wie in seiner Jugend war Charles wieder auf Fürsorge angewiesen, aber diesmal wurde sie verweigert.

Die Admiralität sah sich nicht imstande, ihm eine Stelle zu geben, und Charles wanderte verloren durch London, vornübergebeugt, sein Gehirn in Auflösung. Manchmal hatte er noch die Geistesblitze eines Erfinders und skizzierte neue Ideen – eine pneumatische Untergrundbahn, eine Schnellfeuerkanone, ein Wasserfahrzeug, das wohl ein Vorläufer des Jet-Ski war –, aber ohne John hatte keine dieser Erfindungen eine Chance, Realität zu werden. Die Anzeichen der Geistesgestörtheit nahmen zu, und schließlich brachten ihn seine Angehörigen ins Peckham House Lunatic Asylum, ein Irrenhaus. Als Charles' Sohn in der

Schule den Beruf seines Vaters angeben sollte, schrieb er nur ein Wort: *verrückt*.

Was auch immer die Ärzte in der Irrenanstalt während der jahrelangen Einweisung für ihn tun konnten, geholfen hatte es nicht. Charles war wieder in Freiheit und wohnte im heruntergekommenen Limehouse-Viertel in London, als der 7. November 1848 anbrach. In den vorangegangenen Tagen hatte er unter der Wahnvorstellung gelitten, Unbekannte wollten bei ihm einbrechen und ihn entführen. Jetzt erhob er sich aus dem Bett, um sich ein Glas Wasser zu holen. Aus dem Nachttisch holte er sein Rasiermesser. Er hatte 52 Jahre gelebt und die meisten davon kämpfen müssen – gegen die Armut, gegen seinen Bruder, gegen seine eigene Sturheit. Er hatte seinen Moment des Ruhms und Reichtums erlebt, aber beides war lange vergangen. Er hatte der Menschheit einen neuen Zugang zum Meer geschenkt, aber die Menschheit hatte ihn vergessen. Charles nahm das Rasiermesser, zog es sich über den Hals, sank aufs Bett zurück und verblutete.

John wohnte in Whitstable, als ihn die Nachricht von Charles' Tod erreichte. Der *London Morning Chronicle* brachte sie unter der Schlagzeile SELBSTMORD! ERFINDER DES TAUCHAPPARATS BRINGT SICH UM!

In dem Artikel hieß es:

Die Untersuchung ergab, dass der Verstorbene seinen Beruf als Kalfaterer nicht ausübte, sondern sich ganz der Forschung und seinen Erfindungen widmete. Ständige Geistestätigkeit hatte sein Gehirn so erschöpft, dass er zweimal in die Anstalt von Peckham eingewiesen werden musste.

Die Brüder waren einander seit Jahren entfremdet, aber zuvor hatten sie sich ihr Leben lang sehr nahe gestanden. Sie wuchsen gemeinsam in Armut auf, segelten gemeinsam um die Welt, machten ihre Erfindungen gemeinsam und wurden gemeinsam mit Reichtum und Ruhm belohnt. Sie hatten den Namen der Familie Deane als Ingenieure und Helden der Seefahrt neu belebt, aber dieser Erfolg war durch Verrücktheit, Tragödie und jetzt die Schande eines Selbstmords überschattet.

In all den Jahren als Wracktaucher hatte auch John seine Familie verloren. Seine Frau Agnes war bereits 1844 gestorben. Er war damals auf See gewesen, sodass sein ältester Sohn den Totenschein hatte unterzeichnen müssen. Im Sommer 1852 war sein zweiter Sohn Henry William beim Schwimmen in einem Londoner Kanal ertrunken. Weil es niemanden gab, der sich um sie kümmern konnte, zogen Johns drei Töchter zur Familie seines langjährigen Freunds und Nachbarn Matthew Browning. Wenn John nach Whitstable zurückkehrte, wohnte er selbst im Strandhaus der Brownings, um seinen Töchtern nahe zu sein, die sich bei den Brownings gut eingelebt hatten.

Das Haus war düster und ständig von Überflutung bedroht, aber es hatte für John einen ganz besonderen Reiz – Matthews hübsche, junge Tochter Sarah Ann. John war fast dreißig Jahre älter als sie, aber das schien unwichtig. Der weltgewandte, reiche Abenteurer faszinierte sie, und sie saß still im Wohnzimmer und lauschte, wenn Matthew und John einander am Feuer ihre maritimen Abenteuer erzählten. Mit der Zeit kamen John und Sarah einander näher. Sarah tat er leid, weil er seinen Bruder, seine Frau und seinen Sohn verloren hatte; sie glaubte, er brauche jemanden, der sich um ihn kümmerte und ihm Trost gab. Sie war dabei, sich in ihn zu verlieben.

John hätte Sarah natürlich heiraten können. Aber von einer Hochzeit sagte er monatelang nichts. Die beiden beließen es bei den kleinen, langsamen Gesten unausgesprochener Werbung zwischen einem Mann mittleren Alters und einer jungen Frau im viktorianischen England, wo Gefühle auf Distanz vor sich hinglommen.

KAPITEL 5

Es war der 16. Oktober 1854, als es an der Tür klopfte. John war gerade zu Hause, als ein Bote den Brief Sir Baldwin Walkers, Admiral in der Royal Navy, brachte. Das Königreich brauchte Johns Hilfe zur See. Großbritannien hatte sich mit den Franzosen und dem Osmanischen Reich als Bündnispartner tief in den Krimkrieg gegen Russland verstrickt. Es war die Ära der Pax Britannica, des Aufstiegs eines Empire, in dem »die Sonne nicht unterging« – ein Kolonialreich, das sich über sechs Kontinente ausbreitete und mithilfe von tausend Schiffen beherrscht wurde, von der mächtigsten Marine, die es je gegeben hatte. Aber Russland hatte sein eigenes Reich ebenfalls immer weiter ausgedehnt und die britische Seeherrschaft im Schwarzen Meer und östlichen Mittelmeer herausgefordert. Für Großbritannien ging es hier um Macht und die Wahrung des Nationalstolzes. Die Britannia, das allegorische Symbol des Landes, war eine Frau mit einem Dreizack – die neue Herrin der Meere. Jetzt aber wurde sie von Sewastopol aus herausgefordert, einer Stadt auf der Halbinsel Krim, wo die Russen den größten Hafen am Schwarzen Meer angelegt hatten.

Der Krimkrieg war eine Art Generalprobe für die grausamen Völkergemetzel des 20. Jahrhunderts, bestimmt von Technik, tödlicher Effizienz und einer katastrophalen Eigendynamik. Zur See hatten die Russen die Royal Navy mit neuartigen Waffen in Schach gehalten: Sprenggranaten, die traditionelle Holzschiffe in Brand schossen, und die ersten Unterwasserminen, die im Schwarzen und Asowschen Meer verlegt wurden. Der Krieg hatte sich danach in einem blutigen Remis festgefressen, ein Desaster für alle Beteiligten. Als John den Brief des Admirals erhielt, hatte er bereits 150 000 Todesopfer gefordert – in den gesamten drei Jahren des Konflikts sollten 600 000 ihr Leben verlieren – und die Hauptfront erstarrte schließlich im langwierigen Elend der Belagerung von Sewastopol.

Diese Belagerung war der Grund, aus dem sich Admiral Walker an John wandte. Die britische Marine konnte Sewastopol nicht anlaufen, weil die Russen ihre gesamte Schwarzmeerflotte im Hafeneingang versenkt hatten. Die Zahl der Gefallenen würde solange immer weiter steigen, bis jemand diese Wracks aus dem Weg räumte. Die Royal Navy brauchte John, um die Wracks abzutauchen und zu sprengen.

John war 54 Jahre alt, doppelt so alt wie ein durchschnittlicher Soldat. Er war nie getaucht, wenn dabei das Leben anderer auf dem Spiel stand. Auch die Aufgabe selbst war abschreckend: Er würde mitten im Winter im Schwarzen Meer tauchen müssen, auf einem Kriegsschauplatz. Er würde unter Wasser mit Bomben umgehen müssen, während oben scharf geschossen wurde. Aber er war der erfahrenste Taucher und Untersee-Sprengmeister Englands, und er war auserwählt worden. Sein Stolz und die patriotische Pflicht ließen ihm keine andere Wahl.

Er holte seinen verbeulten Kupferhelm vom Regal, und einen Monat später, im November 1854, segelte er Richtung Krim.

Als John ein kleiner Junge war, hatte Großbritannien für den Krieg gegen Napoleon mobil gemacht. Damals trafen Soldaten in der Schlacht in geordneten Marschkolonnen aufeinander. Als er jetzt auf der Krim eintraf, wurde er Zeuge einer neuen Dimension der Brutalität auf dem Schlachtfeld. Verbesserte Waffen und eine nicht mehr zeitgemässe Taktik der Infanterie machten aus der Front ein einziges großes Schlachthaus – Pferde im Artilleriesperrfeuer, Männer, die es im Laufen zerfetzte. Französische Militärkapellen spielten, während elende Soldaten ebenso viele Schützengräben wie Gräber schaufelten. Streunende Hunde fraßen an Kadavern im Schnee, während Geier und Raben kreisten, um sich die Reste zu holen.

Der Versuch, die Blockade des Hafens von Sewastopol zu durchbrechen, war ein Fehlschlag. Russische Kanonen verhinderten, dass John nahe genug herankam, um seine Sprengladungen zu platzieren. Die Belagerung dauerte weitere acht Monate. Der Krimkrieg war der erste bewaffnete Konflikt, in dem Fotografien gemacht wurden, die im Heimatland in der Presse zu sehen waren. Die Londoner waren empört. Das große britische Empire wurde vom kleinen Russland in einem endlosen Krieg vorgeführt. Großbritannien hätte auf der Krim, so die öffentliche Meinung, schon längst einen triumphalen Sieg davontragen müssen, und was für eine Schande war es, die geliebte und machtvolle Royal Navy festliegen zu sehen. Diese Belagerung musste einfach durchbrochen werden!

Da der Hafen von See aus uneinnehmbar war, blieb

als einzige Möglichkeit eine Landung der Alliierten vom Asowschen Meer aus im Norden, um den Russen den Nachschub abzuschneiden. Andernfalls hätte Russland Sewastopol immer weiter versorgen können. Aber wieder stellte sich die große britische Armada als nutzlos heraus, denn die Straße von Kertsch, der einzige Zugang zum Asowschen Meer, war voller »Höllenmaschinen«. So nannte man Seeminen damals, eine im Krimkrieg noch neue Erfindung Immanuel Nobels, des Patriarchen der Ingenieurs- und Industriellendynastie Nobel, die mit der Sprengstoffproduktion ein Vermögen machen sollte. (Alfred Nobel war Immanuels Sohn.) Die Minen hatten ein mit Schießpulver gefülltes Metallgehäuse und waren mit einem elektrischen Zünder versehen. Das war eine neue Art des Seekriegs, eine moderne, mechanische und sehr effektive Art, traditionelle Holzschiffe zu zerstören. Schon eine einzelne Mine riss ein klaffendes Leck in den Rumpf, das Schiff sank binnen Minuten. Ein Taucher würde dadurch sofort zermalmt.

Kein britischer Soldat hatte je auch nur versucht, eine Mine zu entschärfen; sie waren an Gewichten vertäut und trieben unter der Wasseroberfläche. Das wurde jetzt zu Johns Auftrag, als die Briten und Franzosen auf die Krim vorstießen und auf Russlands Netz von Höllenmaschinen zuliefen. Johns Schiff gehörte zu einer ansehnlichen Flottille: neun große Schlachtschiffe und 47 kleinere Truppentransporter mit insgesamt 16 000 Mann an Bord.

John war nicht mehr der Jüngste, er war erschöpft und 3000 Kilometer von seinem Häuschen am Meer entfernt. Jetzt hatte er einen Auftrag, von dem das Schicksal Tausender Männer, wenn nicht der Ausgang des ganzen Kriegs abhing. Zu Hause in Whitstable war Sarah entsetzt über die Position, in die er geraten war. »Ihr seid nicht gleich unseren armen leidenden Soldaten gezwungen, dort zu bleiben«, schrieb sie. »Ihr seid aus freiem Entschluss gegangen … Nehmt jetzt auch einmal den Rat einer jüngeren Freundin an und sagt Euch, Ihr habt genug gesehen.«

Aber Sarahs Sorgen konnten John nicht umstimmen. Er stand an Deck, machte den Anzug fertig und setzte sich den Helm auf. Durch die drei kleinen Fenster sah er den Horizont in Flammen. Die Nachhut britischer Schlachtschiffe hatte ein massives Dauerfeuer auf russische Einheiten eröffnet, aber die Meerenge war immer noch voller Minen, und die gesamte britische Flotte wartete gespannt darauf, dass John mit seinem legendären Deane-Helm in die Tiefe tauchte.

Mitten im Chaos der Schlacht legte John den Taucheranzug an, den er gemeinsam mit seinem Bruder entworfen hatte. Er zog dieselbe wollene Unterwäsche an, die sie beide getragen hatten, dieselbe rote Wollmütze, denselben Helm, den sie in Deptford gebaut hatten. Er überprüfte den Schlauch, die Signal- und die Sicherheitsleine, stieg mühsam über Bord und verschwand im kohlschwarzen Meer. Luft zischte durch den Schlauch zu ihm herunter, sie trug den Geruch des Gemetzels mit sich. Aber die Szenerie unterhalb der Meeresoberfläche war mitunter noch grausiger. Bei Sewastopol hatte John einen Meeresboden voller Blut und Leichen, Pferdekadaver und verwesender Soldaten inmitten Hunderter Schiffswracks gesehen. Hier sah er den Meeresboden mit Höllenmaschinen übersät, ein gewaltiges Potenzial tödlicher Zerstörungskraft, das sich bis in die Ferne erstreckte. Sie sahen wie riesige Brummkreisel aus, deren 1,2 Meter hohe Kappe in einer dünnen Spitze endete, das Ganze mit Sprengstoff gefüllt. Die alten Matrosen mit ihrem Seemannsgarn hatten fast recht gehabt: Es gab Seeungeheuer in der Tiefe, aber sie waren von Menschen gemacht.

Die Minen lagen in Gruppen, die durch isolierte Stromkabel miteinander verbunden waren, eine Art riesiger Stolperdrahtfallen, die sich kilometerweit ins Meer hinaus erstreckten. John näherte sich einer der Minen. Die Drähte bildeten einen Stromkreis mit Dutzenden anderer Minen und, irgendwo in der Ferne, mit einem russischen Geschützboot, das den gesamten ausgefeilten Komplex von Sprengfallen mit Strom versorgte. Solange die Minen unter Strom standen, konnte jede falsche Bewegung eine Serie von Explosionen auslösen, die nicht nur John sofort töten, sondern die britische Flottille über ihm schwer beschädigen würde.

Im kalten Wasser wurden Johns Hände taub; es fiel ihm schwer, mit den Drähten zu hantieren. Er nahm eine Drahtschere von seinem Tauchgürtel. 21 Jahre war es jetzt her, dass er gemeinsam mit Charles jenen erfolgreichen Tauchgang zur *Royal George* unternommen hatte, als er zugesehen hatte, wie Charles die Strickleiter hinab verschwunden war, und dann gewartet und nach Blasen Ausschau gehalten hatte, bis sein Bruder ihn mit dem verabredeten Ziehen an der Leine beruhigte. Sie hatten damals überlebt und danach noch Hunderte Male. Aber jetzt war Charles seit Jahren tot, ein Opfer des Wahnsinns, sein Leben eine Tragödie, und John sah sich, alleine in einem fremden Meer, einer nie gekannten Gefahr gegenüber. Die Familie Deane hatte einst die Royal Navy mit aufgebaut; John sollte jetzt ihre Macht verteidigen. Kein Tauchgang auf Schatzsuche in einem Wrack hatte je solche Konsequenzen gehabt wie dieser eine Augenblick, in dem John die Schere um den elektrischen Draht legte, um entweder die Bedrohung zu entschärfen oder das Meer um ihn herum in die Luft zu jagen.

Die Klingen der Schere schlossen sich, die Drahtenden fielen – und John hörte weiter nur sein eigenes Atmen. Der Augenblick verging, Erleichterung setzte ein. Die beiden Drahtenden sanken auf den Grund. John durchtrennte das Ankerkabel der Mine, sodass sie wie ein Ballon an die Oberfläche trieb; die Seeleute würden sie dort leicht demontieren können. Die Höllenmaschine war nicht mal mehr eine Maschine.

Um sich herum sah er Minen in allen Richtungen. Er machte sich auf zur nächsten, dann zur übernächsten und entschärfte eine nach der anderen, bis die Meerenge frei war.

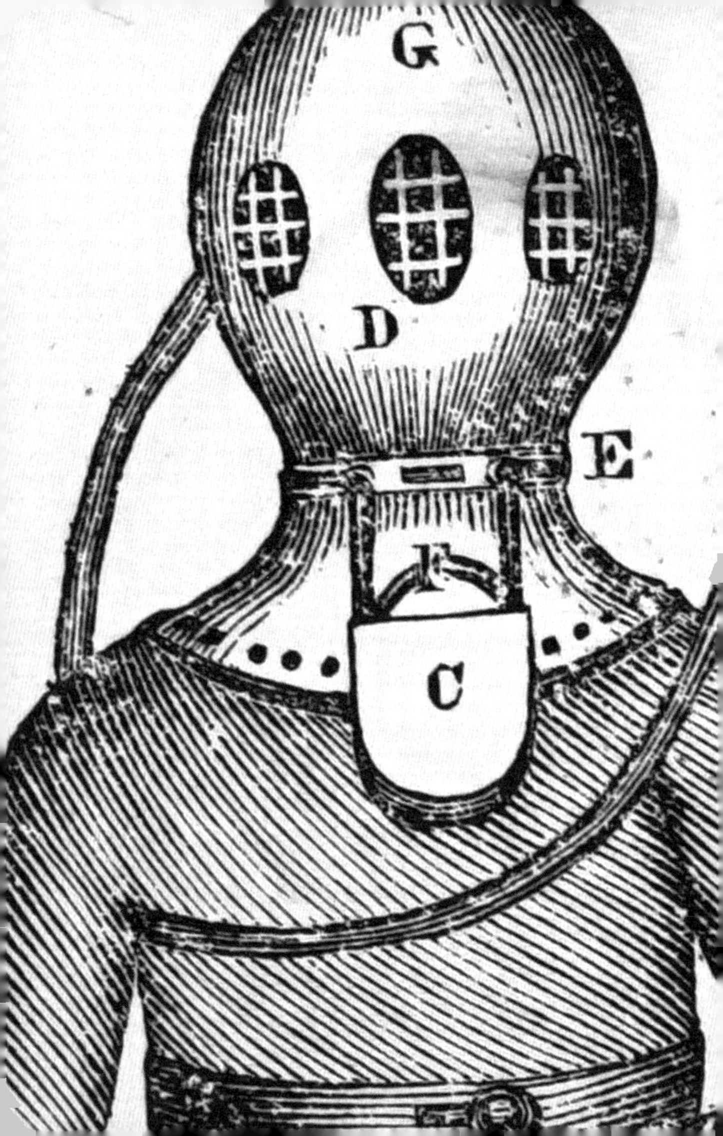
G
D
E
F
C

EPILOG

John Deane kehrte als Held nach Großbritannien zurück. Nachdem er die Meerenge gesichert hatte, brachten die Alliierten die Wasserwege der Krim unter ihre Kontrolle. Sie landeten ihre Truppen an und kappten den russischen Nachschub, was die Belagerung Sewastopols beendete. Kurz nachdem die befestigte Hafenstadt gefallen war, gestand Russland seine Niederlage ein. Es verlor die Seeherrschaft über das Schwarze Meer. Großbritannien überwand die anfänglichen Demütigungen des Krieges und ging als größtes Kolonialreich und stärkste Seemacht der Welt aus ihm hervor.

Zu Hause wurde John von begeisterten Journalisten gefeiert, die ihn den »Höllentaucher« nannten. Die Admiralität verlieh ihm die Crimea Medal, eine hohe Auszeichnung für Krimkämpfer. Die beinahe schon vergessene Familie Deane war wieder in den Schlagzeilen. Es war ein altes und seltsames Erbe, das

Erbe der Familie Deane. Nahezu zwei Jahrhunderte vorher hatten die Ahnen von John und Charles die moderne britische Flotte entworfen und gebaut. Mit dieser Flotte konnte Großbritannien seine Feinde auf dem Kontinent schlagen, seine Kolonien erwerben und die Ressourcen des riesigen Empire nutzen, um die industrielle Revolution in Gang zu setzen. Zu dieser großen Zeit der mechanischen Erfindungen gehörte auch der Wunderapparat der Brüder Deane, der die Tiefen des Meeres der Forschung und dem menschlichen Machtstreben öffnete. Als dann die britische Seemacht unter Wasser angegriffen wurde, war John zur Stelle gewesen, um das Erbe der Deanes zu verteidigen. In den Augen vieler hatte er eine große Rolle bei der Rettung Britannias gespielt.

Weniger als einen Monat nach seiner Heimkehr stand John Deane dann am Altar der St. Alphege Church in Whitstable und wartete auf Sarah Ann Browning. Die Kirche war aus grauem Stein gemauert, und Öllampen erhellten mit sanftem Licht die hölzernen Deckenbalken über dem Altar. Als Sarah hereingeführt wurde, wurde sie von Johns eigener Tochter Agnes begleitet. Sarah hatte während der fast zwei Jahre, die er an der Front verbracht hatte, auf ihn gewartet. Sie war verzweifelt über seinen gefährlichen Auftrag, aber sie vertraute seinen Fähigkeiten. Als sie erfuhr, dass er den Auftrag erfolgreich erledigt hatte, und nach Hause kommen würde, hatte sie gehofft, er werde jetzt endlich um ihre Hand anhalten. Und John, der aus den Tiefen des Meeres zurückgekehrt war, hatte es getan. Nun stand sie in Seidentaft und Spitze vor ihrem Bräutigam, und eine frische Brise blies vom Meer herein. John bekam eine zweite Chance, um glücklich zu werden. Den Taucherhelm setzte er nie mehr auf.

DIE BILDER

S. 6	Gemälde der *Royal George* im Hafen von Deptford aus dem Jahre 1757 (National Maritime Museum, Greenwich)
S. 25	Um 1890 in Frankreich entstandene Illustration, die verschiedene Entwicklungsstufen der Tauchausrüstung des 19. Jahrhunderts zeigt (Alamy Stock Foto/ North Wind Picture Archives)
S. 26	Historische Darstellung eines frühen Tauchversuchs (getty images/Nastasic)
S. 41	Das Wrack der *Royal George* im Spithead vor Ryde (mauritius images/Alamy)
S. 42	Eine der Kanonen, die die Gebrüder Deane aus der *Royal George* bargen (Stockfoto)
S. 52	Illustration eines Tauchers aus dem 19. Jahrhundert (iStock)
S. 66	Stich aus dem Jahre 1877: türkische Taucher beim Entschärfen von Seeminen im Russisch-Osmanischen Krieg (Getty Creative)
S. 78	Illustration des Deanschen Tauchhelmes aus dem 19. Jahrhundert (World History Archive/ Alamy Stock Photo)

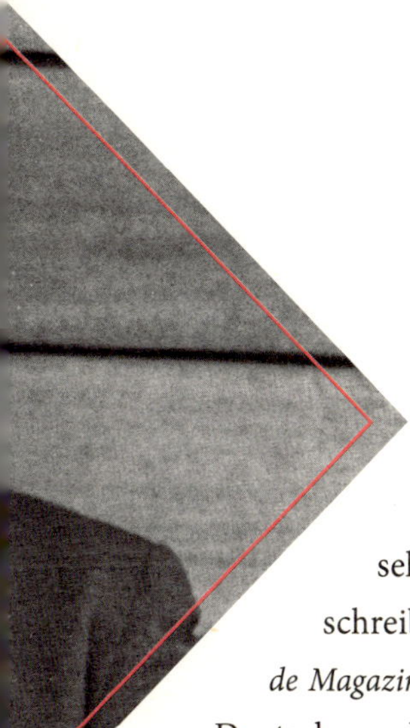

JAMES NESTOR,

amerikanischer Journalist und selbst leidenschaftlicher Taucher, schreibt unter anderem für das *Outside Magazine* und die *New York Times*. Auf Deutsch erschien von ihm zuletzt »Deep. Tauchgang zum Grund des Ozeans«, das in sechs Sprachen übersetzt und von der BBC sowie vom PEN American Center ausgezeichnet wurde.
James Nestor lebt in San Francisco.

ALBTRAUM ARKTIS

LESEPROBE

Gaz de france

ALLEIN

4. bis 7. März. Thomas wartet.

Die Temperatur beträgt um die minus 35 Grad. Thomas sitzt in dem Zelt am Kap und wartet darauf, dass die Kälte ihre Arbeit macht und das Meer zu einem Weg gefrieren lässt. Er befindet sich in einem Zwischenzustand, der nicht gut ist für ihn und sein Gemüt; er sitzt allein an jenem windverwehten Ort, es hat angefangen und doch nicht wirklich. Die Hubschrauber, das weiß er, sind jetzt fort, sie sind zurückgekehrt nach Norilsk. Er kann nur nach vorne, er will auch nach vorne, und darf doch noch immer nicht.

Jeden Tag verlässt er zwei-, dreimal sein Zelt, marschiert einige Meter aufs Eis hinaus, und jeden Tag findet er das Gleiche vor: 10 bis 20 Zentimeter junges Eis, frisch gefroren. Es ist kein schönes Eis, das unter seinen Skiern singt, es ist nasses Eis, weiße Kristalle obenauf, und wenn er mit den Skiern hindurchfährt, hinterlassen die Bretter dunkle Streifen.

Meereis ist etwas anderes als das Eis auf Süßwasserseen, es friert wegen des Salzes anders: Es wird zuerst zu einem zähen Schlamm, der sich nur langsam verfestigt. Zehn Zentimeter Eis auf einem kleinen See können einen Menschen sehr gut tragen, zehn Zentimeter auf dem riesigen arktischen Ozean, der in ständiger Bewegung ist, sind noch nicht das, was man wirklich Eis nennen kann, und es ist kein Eis, auf dem man über weite Strecken sein will. Wenn hier ein Wind kommt, wird er noch immer Wellen in das Meer schlagen, unter das Eis fahren und es zerbrechen können.

Thomas versucht, den Himmel zu lesen, so wie es Nansen schon beschrieben hat, denn der Himmel ist in Wahrheit ein Spiegel des Meeres; wo die Wolken dunkel sind, ist schwarzes Wasser, und wo sie hell sind, da ist Eis. Thomas sieht hellen Himmel ohne dunkle Flecken, es könnte gehen, es könnte.

Doch dann ruft er Hans an, Hans in Interlaken, der sich die Satellitenbilder anschaut, und auf den Bildern sieht Hans viele Rinnen im Eis, zu viele, um loszugehen. Thomas wartet.

Er versucht sich zu beschäftigen. Er liest, telefoniert mit seinem Team, geht immer wieder an die Küste. Er ist noch nicht wirklich hier angekommen, das spürt er.

Es dauert immer eine Weile, bis man drin ist im Expeditionsmodus, bis sich Handgriffe automatisieren. Am Anfang ist man ungelenk, braucht lange für bestimmte Dinge, man zweifelt. Es dauert, bis man auf dem richtigen Gleis ist, und Thomas ist nun in der Phase, in der er dieses Gleis sucht. Und weil er generell ein großer Zweifler ist, beginnt er zu grübeln, ob er da alles richtig macht, ob er überhaupt hätte gehen sollen, mit drei Kindern, mit einer Frau. Das wird auch nicht besser, als er sie anruft, sich nach seiner kranken Tochter erkundigt und sie ihm berichtet, dass laut Kinderarzt er die Schuld an der Krankheit trage – weil seine Unternehmung eine zu große psychische Belastung für das Kind sei. Als Thomas am Ende dieses Gesprächs auf den Aus-Knopf des Telefons drückt und das Scheppern aus dem Hörer verstummt, da bleibt er allein mit dieser Nachricht in seinem eisigen Zelt sitzen und fühlt sich alles andere als glänzend. Dass das Kind schlicht einen Virus hat, das wird sich erst später herausstellen.

Draußen hängen die Wolken tief und legen einen Grauschleier über die Welt.

Die Arktis kann so fantastisch sein, so strahlend silbern, golden, blau, sie kann so wundervoll und frisch und frei sein, dass man ihr verfällt, für immer.

Die Arktis kann auch grausam sein, wenn ihre Winde beißen und graben und stechen, sie kann sich aufrichten wie ein wildes Tier und ihre ganze große Wut auf dich richten, und dann braucht es schon ein bisschen was, um dann nicht umzuknicken.

Die Arktis kann aber auch völlig gleichgültig sein, und das ist sie jetzt, und das ist schlimmer. Wut müsste man etwas entgegensetzen, man wäre zur Handlung gezwungen; aber die Gleichgültigkeit, die nimmt der Welt alle Farbe. Nicht einmal das Weiß hat sie übrig gelassen, alles ist grau, ohne Konturen, an denen das Auge entlangwandern könnte. Es weht ein leichter Wind, aber kein Sturm, es ist kalt, aber nicht unfassbar kalt, und dieses arktische Tier, das so stolz und so böse sein kann, das schaut jetzt in eine andere Richtung, es beachtet Thomas gar nicht. Die Wolken hängen so tief über ihm, dass er ihr Gewicht und ihren Druck zu spüren vermeint, und sie verstärken das Gefühl für ihn noch, dass er eingeschlossen ist an diesem Kap und nicht weg kann. Er lebt in einem halb zerkauten Kaugummi.

Eisbären kommen näher, und auch mit ihnen geht es Thomas noch so, wie es eben jemandem geht, der nicht im Eisbärenland lebt: Es ist noch ungewohnt, diese Tiere zu sehen, ohne ein Haus, einen Schutz zu haben, in den man sich flüchten kann, Thomas hat sich noch nicht hineingefühlt in dieses Land und seine Bewohner. Er vertreibt sie mit der Signalpistole, sie scheinen das Spiel nicht zu kennen und verschwinden.

Zwei oder drei Wochen in einer Expedition ist alles anders. Da ist man im Flow, man ist gefordert, man hat zu tun, es geht voran, es hat einen Sinn. Am Anfang alleine zum Warten verdammt sein, das ist wie eine Hölle, und bei

minus 35 Grad ist das nichts Gemütliches.

Am 7. März, dem vierten Tag des Wartens, ruft Thomas wieder bei Hans an. Auf den Satellitenbildern ist immer noch eine große Rinne zu sehen. Doch es ist mit minus 35 Grad weiterhin kalt und der Wetterbericht hat Nordwind angesagt, der das dickere Eis näher an die Küste treiben und die Wasserrinnen schließen sollte. Thomas beschließt, am nächsten Morgen loszugehen.

8. März. Um halb acht morgens verlässt Thomas das Festland. Er weiß, was jetzt vor ihm liegt. Hans ist immer wieder mit ihm die Satellitenbilder durchgegangen. Zehn bis zwölf Kilometer weit wird er über dünnes Eis gehen müssen, von Rinnen durchzogen, danach erwartet ihn stabileres einjähriges Eis. In ein, zwei Tagen will Thomas diese sichere Zone erreichen. Bis zum mehrjährigen Polareis sind es etwa 40 Kilometer, doch der Wind sollte helfen, die Distanz ein bisschen kleiner zu machen.

Als Thomas aufbricht, ist er aufgeregt; er erlebt das, was jeder Wanderer in den bayerischen Voralpen und jeder Hobbyläufer kennt: Er geht zu schnell.

Ich hatte viel Mühe, mich unter Kontrolle zu halten. Ich hatte das Gefühl, ich muss schnell gehen. Aber ob du da schnell oder langsam gehst, das hat keinen Einfluss, das Einzige, was zählt, ist, dass du beständig gehst. Das ist der Punkt. Das habe ich eigentlich in der Vergangenheit gelernt: Nicht überhasten, damit du dich nicht verbrennst, denn dann nimmt die Leistung natürlich ab. Ich bin ein paar hundert Meter marschiert mit 200 Kilo Material. Da ist es doch normal, dass du nach 100 Metern eine Pause machen musst. Habe ich aber nicht. Dann habe ich laut zu mir gesagt: Hey, du läufst zu schnell. Ich musste mich unheimlich am Zügel halten.

In drei Stunden marschiert Thomas fünf Kilometer nach Nordosten. Dann erreicht er eine Wasserrinne, die Hans ihm angekündigt hat. In der Rinne herrscht eine starke Strömung, wie ein Fluss fließt das schwarze Wasser an der Eiskante vorbei. Thomas sieht die andere Seite in 200 bis

300 Meter Entfernung. Er fährt in Richtung Südosten an der Kante entlang, weil er von Hans weiß, dass die Rinne im Nordwesten zu breit für eine Querung ist. Er weiß nicht, dass er damit eine fatale Entscheidung trifft.

Nach anderthalb Kilometern schirrt er sich aus dem Schlitten aus und geht mit den Skiern an der Kante auf und ab. Er überlegt. Und entscheidet, dass er das Gummiboot aufblasen und die Rinne hier mit dem Boot überqueren wird, die Schlitten hinter sich herziehend.

Die Anspannung in diesem Moment war enorm. Du bist noch ganz am Anfang, findest dich gerade erst hinein in diese Welt, und bist schon mit den Entscheidungen konfrontiert, die du lieber erst nach drei oder vier Wochen treffen würdest.

Thomas ist extrem unter Adrenalineinfluss. Er bläst das Boot auf und lässt es ins Wasser, dazu die beiden riesigen Carbonschlitten. Er selbst schlängelt sich in seinen orangefarbenen, wasserdichten Überlebensanzug. Es dauert zwei Stunden, bis er startklar ist.

In der Mitte der Rinne stößt er auf etwas, was er von seiner Seite nicht hat sehen können: dünnes, neues Eis. Dünnes Eis ist die Pest für alle Polfahrer, denn es ist zu fragil, um darauf zu gehen, aber zu dick, um hindurchzupaddeln. Thomas gleitet mit seinem Schwimmanzug ins Wasser. 100 Meter weit bahnt er einem Eisbrecher gleich einen Weg für Boot und Schlitten. Ein mühsames Unterfangen, denn die Strömung lässt die Schlitten immer wieder am Rand der von ihm gebrochenen Rinne verkanten. Thomas kann sie nicht einfach ziehen, er muss immer wieder zurück und sie befreien, und das in einem Anzug, in dem Schwimmen sehr mühsam ist, und in einem Wasser, das wegen des hohen Salzgehalts Minusgrade hat.

Als er auf der anderen Seite ankommt, ist er erschöpft. Tropfend hievt er sich auf das Eis, zieht Boot und Schlitten hinterher und bleibt einen Moment schnaufend auf dem Schlitten sitzen. Um nicht auszukühlen, geht er weiter. Nach etwa 300 Metern sieht er, dass vor ihm alles in Bewegung ist, vor ihm liegt nur mehr dünnes, frisches Eis. Thomas ist seit zehn Stunden auf den Beinen. Er entscheidet, dass es vernünftiger ist, Halt zu machen …

WEITERLESEN IN …

Als erster Mensch versucht Thomas Ulrich, allein den Nordpol zu überqueren, von Sibirien nach Alaska, bei Temperaturen bis zu -45 °C. Doch kurz nach dem Aufbruch: die Katastrophe. Ein Sturm zieht auf. Auf einer einzelnen Scholle driftet der Abenteurer hinaus auf den arktischen Ozean, und unter seinen Füßen zerspringt das Eis ...

DREI TAGE LANG HAT ER NICHT GESCHLAFEN. ER IST KALT, NASS, HALBTOT. ES GEHT NICHT MEHR UMS HELDSEIN JETZT, FÜR THOMAS ULRICH, ES GEHT UMS ÜBERLEBEN ...

»DIE STRASSE KANNST DU NICHT BEZWINGEN.«

LESEPROBE

GOOD LUCK

DIE SPUR ENTSTEHT IM FAHREN

Der Reisebus kommt direkt auf uns zu. Schnell. Unausweichlich. Wir sind auf der Überholspur eingeklemmt, zwischen einem Sattelschlepper und dem Rand des Asphalts. Die Scheinwerfer des Busses blenden auf, ihr Licht zerspringt auf unserer Windschutzscheibe. Noch 200 Meter, 100, 50.

Im letzten Moment reißt Sitaram das Lenkrad herum. Unser Lastwagen schwankt, schlingert, zieht hinüber auf seine Spur, doch es reicht nicht, nein, es … gleich kracht es, frontal, mit 80 Sachen – der Bus, die erhobene Faust des Fahrers, seine grausige Grimasse, eisblau im Licht der Bordlampe. Gleich. Jetzt. Augen zu. Zuerst die Druckwelle. Dann ein markerschütternder, dumpfer Knall. Ich reiße die Augen auf, ringe nach Luft. Schwarz. Alles schwarz. Nein, nicht das Jenseits. Nur der National Highway 6 unter einem sternenlosen Nachthimmel, irgendwo in Westbengalen.

Es herrscht Krieg auf den Straßen Indiens. Seit Sonnenuntergang stecken wir mittendrin. Sitaram verzieht keine Miene. Die linke Hand lässig auf dem Lenkrad, kurbelt er mit der rechten die Scheibe herunter und rückt seelenruhig den Außenspiegel zurecht. Der Reisebus hat ihn gestreift. 2200 Kilometer sind es auf der Fernstraße von Kalkutta nach Mumbai, doch am Ende entscheiden Millimeter über Leben oder Tod.

Wer das Wesen einer Nation ergründen wolle, behaupten Soziologen, brauche sich nur anzusehen, wie sich die Leute im Straßenverkehr verhielten. Auf Indiens Straßen stirbt alle fünf Minuten ein Mensch. Jedes Jahr sind es fast 150.000, dazu kommen rund eine Million Verletzte. Das motorisierte Chaos fordert hier mehr Opfer als irgendwo sonst auf der Welt.

Offiziell herrscht in Indien Linksverkehr. Doch niemand kümmert sich darum. Die Spur entsteht im Fahren. Verkehrsregeln, Schilder und Ampeln werden kaum beachtet. Stattdessen gilt das Recht des Stärkeren, gestaffelt nach Kampfgewicht, Hubraum und PS. Ganz oben stehen Reisebusse und Lastwagen, darunter Kombis und Pkw, und so geht es weiter bis in die Niederungen motorisierter Rikschas, deren Felgen mit Metallspitzen bestückt sind wie bei römischen Streitwagen. Sie sind dem Mopedfahrer überlegen. Der dem Radfahrer. Der wiederum dem Fußgänger, der statt über Rechte nur noch über seine Verletzbarkeit verfügt. Die Hälfte aller indischen Verkehrstoten sind Fußgänger. Wer zu Fuß geht, ist Beute, Fleisch.

Indien verstehen? Ein Milliardenvolk mit über zwanzig Sprachen und Hunderten von Göttern, die nach China weltweit am stärksten expandierende Volkswirtschaft? Indien enträtseln auf einem Trip von Ost nach West, einmal quer durch den Subkontinent, auf einer der anarchischsten Fernstraßen Südasiens? Am höchsten, hatte ich mir ausgerechnet, wären meine Überlebenschancen auf dem National Highway 6 mit einem, der das Chaos meistert und unter brutalsten Bedingungen durchhält, durchhalten *muss*, Tag für Tag, mit einem, der im indischen Verkehr ganz oben steht und, wenn es hart auf hart kommt, die Muskeln spielen lässt – mit einem indischen Trucker.

Keiner meiner Freunde in Kalkutta glaubte, dass ich einen Fernfahrer finden würde, der mich mitnähme. Wer wollte dort draußen schon das Leben eines Passagiers riskieren? Und dazu noch das eines weißen? Nach einer Reihe von Absagen landete ich hinter dem New Market in Kalkutta schließlich in Mister Prasads Büro. Mister Prasad, ein geschäftstüchtiger, kleiner

Speditionsagent, den ich nie ohne frisch gebügeltes Hemd und polierte Lederschuhe sah, gilt im Transportgeschäft als Mann für knifflige Fälle. Vor drei Jahrzehnten verschiffte er die persönlichen Effekten von Günter Grass zurück nach Deutschland, nachdem dieser mehrere Monate in Indien verbracht hatte.

Der Nobelpreisträger schenkte Mister Prasad für seine verlässlichen Dienste ein signiertes Autorenfoto. Ob es heute noch sein Wohnzimmer zieren würde, wenn Mister Prasad wüsste, dass Grass in seinem Tagebuch *Zunge zeigen* Kalkutta als »Scheißhaufen Gottes« bezeichnet? Aber Grass hing noch. Direkt neben dem Hausaltar. Mein Glück, denn jetzt saß wieder ein Deutscher vor Mister Prasad, ebenfalls ein »Poet«, wie er sich freute, und erneut war dieser auf seine Hilfe angewiesen – mir wurde sozusagen die Ehre einer Grass'schen Reinkarnation zuteil.

Im Fahrerhaus des Lastwagens lösen sich meine Fingernägel aus den Sitzpolstern. Der Außenspiegel ist wieder in Position, aber der dumpfe Knall sitzt mir noch in den Knochen. Ich bin unterwegs. Nach Mumbai. Eine Woche nach meinem ersten Besuch bei Mister Prasad. Mit einem Empfehlungsschreiben des Verkehrsministers. Am Steuer: Sitaram Roy. Eine gefühlte Ewigkeit kann Sitaram auf die Straße starren, ohne ein Wort zu sprechen, entrückt in eine rätselhafte Melancholie. Seine Arme sind spindeldürr, seine Augen verträumt, die Haare knabenhaft aus der Stirn gestrichen. Nach seinen Papieren ist er 24 Jahre alt, nach seinem Aussehen 18. Höchstens. Er sitzt auf einem am Boden festgeschweißten Campingstuhl, gelassen wie ein Buddha, das riesige Lenkrad zwischen die Beine geklemmt. Von der Kabinenwand blättert blauer Lack. Die Ablagen sind rostig. Die Armaturen funktionieren längst nicht mehr. Nur die Tachonadel zittert zwischen 40 und 50 Stundenkilometern.

गवनवा कढ़िया
गायक : अरविन्द अकेला, 'कल्लू'
DIGITAL RECORDED
B SERIES
C & P : PRABHU ELECTRONI
Near Shiv Kali Mandir, Bakar Ga

I – AM – IN – LO-OVE

Alles, was ich über Sitaram weiß, ist, was Mister Prasad mir in Windeseile erzählt hatte, bevor er mich in Kalkutta in den Lastwagen schob: Sein Vorname bedeute *der Göttin Gemahl*, geboren wurde er im nordindischen Bundesstaat Bihar, Führerschein seit sechs Monaten, »kein Alkohol, keine Drogen, keine Frauen, kein Problem«. Sein *second driver* heißt Lal Babu. Der Teenager mit flaumigem Bärtchen und pechschwarzen Füßen stamme aus demselben Dorf in Bihar. Sitarams Onkel habe ihm den Jungen geschickt, damit er ihn unter seine Fittiche nähme und aus ihm einen anständigen Fernfahrer mache.

Lal Babu ist seit unserem Aufbruch gut gelaunt – solange er an einem Joint ziehen kann. Sehr zum Ärger von Sitaram, der bei Vollgas beide Hände vom Lenkrad nimmt, um den Rauch aus dem Fenster zu fächeln. Sofort gerät der Tata 1312, ein Zweiachser mit fünf Meter hohem Containeraufbau, gefährlich ins Schwanken, und hinter meiner Stirn laufen beunruhigende Bilder ab: ein sich überschlagender Truck, zertrümmerte Kabine, überall Blut und 800.000 für den Export bestimmte Lederschuhe, verstreut auf westbengalischen Reisfeldern.

Sitaram und Lal Babu sprächen kaum Englisch, hat mir Mister Prasad noch nachgerufen. Wie sollen wir uns in den kommenden 200 Stunden verständigen?

»Ich heiße Michael«, versuche ich es auf Englisch.

»Okay, Sahib!«

Sahib. So wurden Europäer in der Kolonialzeit angeredet; ursprünglich bedeutet das Wort: Besitzer.

»Nicht Sahib, bitte! Ich bin Michael! Michael, okay?«

»Okay, Sahib!«

WEITERLESEN IN …

Michael Obert | Karma Highway
80 Seiten, Hardcover

ISBN 978-3-7701-6970-2
[D] € 8,– | DuMont Reiseverlag

SPURLOS VERSCHWUNDEN

ALLEIN IM ATLANTIK

Mitten in der Nacht auf dem Nordatlantik: Durch eine unbedachte Bewegung stürzt John Aldridge über Bord seines Fangboots »Anna Mary«. Ohne Zeugen, ohne Schwimmweste oder Notsignal beginnt für den Fischer ein Albtraum, aus dem es kein Entrinnen zu geben scheint.

ALLEIN IM WASSER VERSUCHTE ER, SEINE STÄRKE ZU NUTZEN, UM DIE ANGST IN DEN GRIFF ZU BEKOMMEN. KEINE NEGATIVEN GEDANKEN, SAGTE ER ZU SICH SELBST. BLEIB POSITIV. BLEIB STARK ...

Paul Tough | Über Bord
80 Seiten, Hardcover

ISBN 978-3-7701-6971-9
[D] € 8,- | DuMont Reiseverlag

TRUE TALES
DUMONT

TRUE TALES
DUMONT